'시대담론(時代談論)':

한국사회를 톺아보다!

류 영 철

교육과학사

머리말

세상은 거대한 전환의 시대를 맞이하고 있다. 교육은 혁신과 정치 사이에서 갈팡질팡하고, 복지는 여전히 사각지대를 남긴 채 방치되고 있다. 국제정세는 하루가 다르게 요동치고, 행정은 국민을 향하기보다 형식에 매몰되는 경우가 많다. 변화는 거세지만 그 변화의 한가운데서 정작 주인공이 되어야 할 시민의 삶은 여전히 뒷전으로 밀려나 있다.

이 책은 그 불편한 현실을 외면하지 않고 기록하려는 시도이다. 교육 편에서는 입시와 대학의 위기, 학폭 대책의 공허함을 다루었고, 복지 편에서는 저출생과 청년 고용, 노동권의 붕괴와 같은 구조적 문제를 짚었다. 정치·안보 편에서는 권력과 제도의 본질을 묻고, 국가의 방향을 향해 질문을 던졌다. 행정·기타 편에서는 제도와 현장의 괴리를 드러내며, 책임 있는 변화를 요구했다.

칼럼은 짧지만 질문은 결코 가볍지 않다. 대학은 누구를 위해 존재하는가, 학폭 대책은 무엇을 지키고 있는가, 복지는 누구의 권리인가, 정치는 누구를 대변하고 있는가. 이 질문들은 글쓴이 개인의 것이 아니라 이 시대를 사는 모두의 물음이다.

정치적 울림은 거창한 구호에서 오지 않는다. 불평등을 직시하는 용기, 권력의 이면을 드러내는 집요함, 국민을 존중하는 태도에서 비롯된다. 이 책에 담긴 글들은 바로 그 울림을 향한 작은 걸음이다.

가. 책을 읽는 이들이 함께 물음을 공유하고, 현실을 바꾸어야 한다는 책임감을 느끼길 바란다. 정치란 결국 멀리 있는 거대 권력이 아니라 우리 삶의 구체적 조건을 결정하는 힘이다. 교육도, 복지도, 외교와 행정도 모두 정치와 맞닿아 있다. 그렇기에 정치적 각성 없이는 그 어떤 변화도 가능하지 않다.

나. 책이 독자들에게 냉정한 현실 인식과 동시에 변화를 향한 의지를 북돋는 계기가 되기를 바란다. 그것이 글을 쓰는 이유이며, 또 이 책이 세상에 존재해야 하는 이유이다.

2025년 가을 금정산에서
저자 류영철 씀

- 차 례 -

Ⅰ. '교육' 편

Ⅱ. '복지' 편

Ⅲ. '정치·안보' 편

Ⅳ. '행정·기타' 편

I

'교육' 편

1. 글로컬대학30 사업, 혁신인가 정치인가[1)]

'글로컬대학30 사업'은 전임 윤석열 정부가 추진한 지방대학 경쟁력 강화 정책으로 수도권을 제외한 지역의 30개 대학을 선정해 대학당 5년 동안 최대 1,000억 원을 지원하는 대규모 사업이다. '글로벌(GLOBAL)'과 '로컬(LOCAL)'을 연결한다는 뜻의 이 사업은 대학 통합과 구조조정을 유도함으로써 지방대학의 생존 가능성을 높이고자 한다. 그러나 자세히 들여다보면 과연 이 사업이 진정한 혁신인지 아니면 정치적 목적이 더 큰 사업인지 의문이 제기된다.

사업의 중심은 대학 통합이다. 국립대 간 통합, 사립 4년제와 전문대 통합, 국립대와 도립대 통합 등이 그 예다. 예컨대 지역 국립대와 인근 국(도)립대가 하나의 체계로 묶이거나 같은 사립재단의 4년제와 전문대가 묶이게 된다. 하지만 이는 이미 학령인구 급감에 따른 불가피한 흐름이다.

다시 말해 인구 감소로 인한 대학 간 통합은 이미 자율적으로 진행될 수밖에 없는 구조적 조정이며 이를 '혁신'이라 이름붙이고 천문학적인 예산을 쏟아붓는 방식은 과연 타당한가 되

1) 2025. 9. 12. 뉴스경남 오피니언.

묻게 한다.

더 큰 문제는 중복과 혼선이다. 현재 정부는 서울대 수준의 지역거점국립대 10개 육성 정책도 동시에 추진 중이다. 이 역시 지역 내 특정 대학에 자원을 집중해 수도권 쏠림을 막겠다는 취지다. 결국 글로컬대학30 사업과 그 목표와 대상이 겹친다. 여기에 더해 지방자치단체가 중심이 되는 지역혁신대학지원체계, 즉 RISE(라이즈) 사업도 병행되고 있다.

라이즈는 지방정부가 대학 재정과 정책 설계에 주도적으로 참여하는 구조인데 글로컬대학30은 중앙정부가 경쟁을 통해 대상을 선발한다. 형태는 다르지만, 두 사업 모두 '지방대학을 지역 성장거점으로 키운다'는 목적 아래 추진되고 있어 정책 간 중복성과 행정 혼선, 예산 낭비 우려가 제기된다.

이뿐 아니라 선정 과정에서의 지역별 안배와 정치적 균형 고려도 문제다. 일각에서는 이 사업이 실질적 교육개혁이 아니라 지역 예산 배분을 위한 정치적 수단이라는 지적도 나온다. 실적을 보여줘야 하는 정부 입장에서는 통합이라는 '가시적 변화'에 성과를 걸고자 했을 수 있다. 그러나 이런 방식은 구성원 간 갈등을 유발하고 장기적 지속 가능성 없이 예산 의존형 구조를 양산할 위험이 있다.

지역대학 위기의 본질은 단순히 대학 수의 문제가 아니다. 지역 인구의 감소, 산업 기반의 약화, 정주 여건의 열악함 등 전반적인 지역 쇠퇴와 연결된 구조적 문제다. 따라서 단순한 대학 통합으로 이 위기를 극복할 수 있다는 발상은 지나치게 단선적이다. 학생들이 떠나는 이유는 대학이 '작아서'가 아니라, 지역이 '살기 어렵기 때문'이다.

그런 점에서 진정한 혁신은 보여주기식 통합과 예산 경쟁이 아니라 지역 사회와 산업, 대학이 긴밀히 협력하는 생태계를 구축하는 데 있다. 이해관계자 간 갈등 조정, 학사 제도 개편, 지역 맞춤형 인재 양성 시스템 설계 같은 구체적이고 실질적인 노력이 필요하다.

글로컬대학30 사업은 결국 혁신이라는 외피를 쓰고 있지만, 그 안에는 구조조정의 책임을 대학에 전가하면서도 동시에 정치적 효과를 노린 중앙정부식 배분 행정의 모습이 겹쳐 보인다. 예산을 나누는 방식이 아니라 지속 가능한 지역 교육 구조를 어떻게 만들 것인가에 대한 근본적 성찰이 필요한 시점이다. 지역대학을 살리는 길은 돈을 주는 것이 아니라 남을 이유를 만드는 것이다.

2. '입시 홍보'에 잠식당한 대학 축제, 학생 자치는 어디로 갔는가[2)]

해마다 5월이면 전국 대학 캠퍼스가 축제 준비로 분주해진다. 원래 대학 축제는 재학생이 주체가 되어 기획하고 즐기며 공동체 문화를 형성하는 대표적인 자치 행사였다. 그러나 최근 몇 년 사이 이 축제가 점차 본래의 의미를 잃어가고 있다는 우려의 목소리가 커지고 있다. 이제 많은 대학 축제는 더 이상 '대학 구성원'을 위한 자치 행사라기보다는 '고등학생과 중학생'을 대상으로 한 입시 홍보 이벤트로 전락하고 있기 때문이다.

특히 주목할 점은 수억 원에 이르는 축제 예산 중 절반 이상이 유명 연예인 섭외비로 지출되고 있다는 사실이다. 축제는 단 하루 또는 이틀, 연예인 공연은 단 몇 시간에 불과하다. 그런데도 상당수 대학은 엄청난 예산을 들여 '화려한 무대'를 만들어내고 있다. 그 배경에는 단순히 학생 만족도를 넘어서 지역 청소년과 학부모를 겨냥한 '대학 마케팅 전략'이 숨어 있다.

실제로 다수의 대학은 축제 기간에 지역 고등학생과 중학생을 교내로 초청하거나 유튜브 등 온라인 플랫폼을 통해 유명

---

2) 2025. 5. 8. 뉴스경남 오피니언.

연예인의 공연을 중계하며 ‘우리 대학은 이런 수준의 행사를 연출할 수 있다’는 메시지를 대외적으로 홍보하고 있다. 일부 대학은 축제 프로그램 홍보물에 ‘지역 청소년 초청’ 문구를 명시하기도 한다. 입시 전략 차원에서 이해는 가능하지만, 이는 엄연히 재학생의 자치 예산이 대학 측의 입시 마케팅 수단으로 전용되고 있는 구조다.

이러한 현실은 학생 자치의 의미를 더 약화시키고 있다. 대학 축제는 원래 재학생들이 직접 기획하고 실현하며 공동체적 가치를 공유하는 장이었다. 그러나 입시 홍보가 우선시되는 구조에서는 정작 재학생들은 관객이나 소비자로 전락하고 자치의 주체성은 설 자리를 잃는다. 대학이 재학생의 요구보다는 입시 대상자의 반응에 초점을 맞추면서 축제는 ‘외부인을 위한 행사’로 변질되고 있는 것이다.

왜 이런 일이 반복되고 있을까? 대학 간 경쟁이 과열되면서 대학들은 축제조차도 ‘입시 경쟁’의 무기로 활용하고 있기 때문이다. 유명 연예인을 섭외해 SNS에서 화제가 되면 자연스럽게 대학 인지도와 호감도가 올라간다. 지역 언론에 보도되고 고교생들이 ‘그 대학 멋있다’라고 느끼면 입시 결과에 긍정적인 영향을 미친다는 계산이다. 문제는 이 모든 과정이 학생 자치 예산을 통해 이루어진다는 점이다. 입시 마케팅은 대학 본부와 입학처(입학관리본부)의 업무임에도 불구하고 그 비용과 책임은 자치기구와 학생회가 떠안는 셈이다.

이제는 학생 자치 예산의 사용 목적에 대한 성찰이 필요하다. 자치 예산은 재학생의 삶의 질과 교육적 성장, 공동체성 증진을 위해 쓰여야 한다. 단발적인 연예인 공연보다는 진로 탐색과 역량 개발을 위한 특강, 직무 워크숍, 졸업생 멘토링 등이 훨씬 장기적이고 실질적인 가치로 이어질 수 있다. 또한 정신건강 지원, 생활복지 확대, 동아리 및 학술활동 지원 등 재학생을 위한 지속 가능한 지원책이 절실하다. 나아가 지역 사회와 연계한 공공 프로젝트, 사회공헌 프로그램 등을 통해 학생 자치가 더 깊고 넓은 방향으로 성장할 수 있다.

대학 축제는 다시 재학생의 손으로 돌아와야 한다. 축제가 고등학생을 위한 전시무대가 아니라 대학생이 주체가 되는 실험과 창조, 참여의 장이 되어야 한다. 외부 시선보다 내부 만족, 단기 효과보다 장기 성장에 초점을 맞춘 자치 구조로의 전환이 필요하다. 대학 본부 역시 학생 자치 예산을 '입시 홍보의 수단'으로 활용하려는 관행을 중단하고 진정한 자치의 회복을 지원해야 할 것이다.

3. 생성형 AI의 역설: 효율과 공정성 사이에서[3)]

생성형 인공지능(AI)의 발전은 교육 현장에도 큰 변화를 가져오고 있다. 올해 초 서울특별시 이효원 시의원이 발표한 바에 따르면 서울시교육청 소속 교사 10명 중 7명이 업무에 챗GPT를 사용한 경험이 있다고 응답했다. 특히 고교 교사는 대입 수시 학생부 종합전형의 평가를 위한 자료 작성을 위해 챗GPT와 같은 생성형 AI를 활용하고 있다고 한다. 유튜브에는 '챗GPT 활용으로 생기부 작성 10배 쉽게', '챗GPT로 차별화된 생기부를 작성하는 방법' 등 다양한 '꿀팁'들이 공유되고 있으며 해당 영상들은 많게는 몇만 회의 조회수를 기록하며 교사들 사이에서 큰 호응을 얻고 있다고 한다. 이는 교사들이 과중한 행정 업무를 덜기 위한 효율적 도구로 AI를 적극적으로 활용하고 있음을 보여주는 사례다.

대입 수시 학생부 종합전형에서 중요한 평가영역 중 하나인 과목별 '세부능력 및 특기사항'의 작성은 개별 학생의 역량을 구체적으로 기술해야 하는 만큼 상당한 시간과 노력이 필요하다. 이 과정에서 생성형 AI는 교사들의 부담을 줄이고 보다

3) 2025. 8. 28. 뉴스경남 오피니언.

체계적이고 일관된 기술이 가능하도록 돕는 역할을 한다.

그러나 이러한 생성형 AI의 활용이 확산되면서 개인정보 유출과 윤리적 문제에 대한 우려도 커지고 있다. 학생부는 학생의 학업 성과뿐만 아니라 다양한 성장 과정과 특성을 담고 있는 민감한 개인정보다. 생성형 AI는 대규모 데이터를 학습하고 패턴을 도출하여 글을 작성하지만 이 과정에서 개인정보가 유출되거나 왜곡될 가능성을 배제할 수 없다. 이에 정부와 교육기관에서는 중국의 생성형 AI모델인 '딥시크(DeepSeek)' 사용을 금지하도록 하고 있지만 다른 생성형 AI도 개인정보를 수집하는 것은 마찬가지이다.

AI가 자동으로 생성한 내용은 교사의 주관적 평가가 반영되지 않을 가능성이 크고 이는 학생 개개인의 고유한 특성을 반영하기보다 정형화된 기술 방식으로 전락할 위험을 내포하고 있다. 따라서 학생의 역량을 기록하는 방식에 대한 근본적인 재검토가 필요하다. 생성형 AI가 교사의 업무를 경감시킬 수 있다는 점은 긍정적이지만 이를 무분별하게 활용하기보다 공정성과 객관성을 높일 수 있는 대안 마련이 시급하다.

특히 과목별 '세부능력 및 특기사항'에 서술된 내용을 주로 평가하는 방식에서 교사의 주관적 서술을 배제하고 대신 학생의 활동 참여 정도와 성취 수준을 체크리스트나 객관적으로 수치화된 척도 평가 방식으로 대체하는 방안이 필요하다. 체크리스트 방식은 활동 참여 여부와 빈도, 성취 수준을 명확히 평가할 수 있으며 수치화된 척도 평가는 교사의 주관적 개입을 최소화하여 평가의 객관성과 공정성을 높일 수 있다. 또한 이러한 방식은 교사들에게 명확한 기준을 제공함으로써 행정 업무의 효율성을 높이고 평가의 일관성을 유지할 수 있도록 돕는다.

이러한 대안은 학생의 학업 성취와 활동 참여에 대한 보다 명확하고 균일한 평가 기준을 제시할 수 있다. 특히 디지털 기술의 발전에 발맞춰 평가 방식의 표준화를 통해 교사의 업무 부담을 줄이고 학생의 다양한 역량을 보다 공정하게 평가하는 시스템을 구축할 필요가 있다. 이를 위해 교사들이 생성형 AI를 활용하는 과정에서 반드시 지켜야 할 가이드라인을 명확히 마련하고 개인정보 보호 및 윤리적 활용에 대한 교육을 강화해야 한다.

교사들은 AI의 효율성을 활용하되 학생 개개인의 고유한 특성과 성장 과정을 존중하는 방향으로 기록 방식을 개선해 나가야 한다. 생성형 AI는 효율성을 높일 수 있는 도구이지만 그 사용에 있어 윤리적 책임과 객관성 유지가 반드시 수반되어야 한다. 이러한 균형점을 찾기 위한 지속적인 논의와 정책적 지원이 필요한 시점이다. 나아가 교육 평가 방식의 디지털 전환에 대한 공론화와 연구가 병행되어야 하며 공정성과 효율성을 모두 충족시키는 평가 체계 마련을 위한 노력이 지속되어야 한다.

4. 성교육이 아니라 성인지 교육으로 방향을 바꿔야 한다![4)]

최근 사회적으로 큰 파장을 일으키고 있는 딥페이크(deep fake) 기술과 사이버불링(cyberbullying)은 개인의 존엄성과 안전을 심각하게 위협하는 요인으로 떠오르고 있다. 딥페이크는 인공지능(AI)을 이용해 현실과 구분하기 어려운 가짜 영상이나 이미지를 만들어내는 기술로써 이를 악용한 범죄가 급증하고 있다. 특히, 성적 이미지를 조작하여 특정 개인을 표적으로 삼는 사례가 증가하면서 피해자들에게 심각한 정신적, 사회적 피해를 초래하고 있다. 사이버불링은 온라인 공간에서 이루어지는 폭력으로 초등학생들 사이에서도 점차 그 심각성이 커지고 있다. 이러한 문제를 해결하기 위해서는 초등학교 단계부터 성인지 교육의 강화가 절실히 요구된다.

딥페이크 기술은 처음에는 창작과 엔터테인먼트 분야에서 활용되었지만 현재는 악의적인 목적으로 사용되는 사례가 많아지고 있다. 성적 이미지 조작, 허위정보 유포, 명예훼손 등이 대표적인 사례다. 이러한 기술의 악용은 피해자에게 극심한 수치심과 고립감을 유발하며 피해복구가 어려운 경우가 많

4) 2025. 2. 27. 뉴스경남 오피니언.

다. 특히 아동과 청소년은 이러한 문제에 더욱 취약하다. 기술에 익숙한 세대이지만 디지털 윤리와 안전에 대한 이해는 부족하기 때문이다. 사이버불링 역시 초등학생들 사이에서 심각한 사회적 문제로 대두되고 있다. 2024년 교육기관 조사에 따르면 초등학생의 약 15%가 사이버불링 피해를 경험한 적이 있다고 보고되었다. 이는 단순한 말다툼을 넘어 지속적인 괴롭힘과 협박으로 이어져 학생들의 정신건강에 치명적인 영향을 미치고 있다. 사이버불링의 가해자와 피해자는 모두 디지털 공간에서의 윤리적 감수성과 성인지적 관점이 부족한 경우가 많다.

성인지 교육은 젠더와 관련된 고정관념과 편견을 해소하고 서로의 차이를 존중하며 건강한 관계를 형성하는 데 초점을 맞춘 교육이다. 초등학교에서의 성인지 교육은 어린 나이에 올바른 가치관과 태도를 형성하는 데 중요한 역할을 한다. 하지만 현재 초등학교에서의 교육은 보건교사나 성문화센터강사가 진행하는 성교육 위주이다. 디지털 기술의 발전 속도와 함께 성장하는 세대에게 성인지 교육은 더 이상 선택이 아닌 필수로 자리 잡아야 한다. 학생들에게 딥페이크와 같은 기술의 위험성을 교육하고 이를 분별할 수 있는 능력을 길러줌으로써 조작된 콘텐츠에 속지 않도록 돕고 디지털 윤리를 내면화할 수 있다. 또한 사이버불링을 예방하기 위해서는 타인의 감정을 이해하고 존중하는 공감 능력이 필수적이며 성인지 교육은 이러한 관계형성 능력을 함양하는 데 도움을 준다. 딥페이크를 이용한 성적 이미지 조작과 같은 젠더 기반 폭력의 위험성을 인식시키고 성평등 의식을 고취하는 것도 성인지 교육의 중요한 목표 중 하나다.

초등학교에서 성인지 교육을 효과적으로 실행하기 위해서는 체계적인 접근이 필요하다. 모든 교사를 대상으로 한 성인지 교육 전문 연수가 필수적이며 교사들이 젠더 감수성과 디지털 리터러시에 대한 전문성을 갖춰야 학생들에게 올바른 지식을 전달할 수 있다. 학부모와의 협력을 통해 가정에서도 성인지적 태도를 실천할 수 있는 환경을 조성해야 하며 놀이와 실습 중심의 교육방식을 도입해 학생들이 재미있게 배울 수 있도록 해야 한다. 예컨대, 딥페이크 사례를 바탕으로 한 토론 수업이나 사이버불링 예방을 위한 역할극 등이 효과적일 수 있다.

딥페이크와 사이버불링의 증가는 단순히 기술적 문제를 넘어서 우리 사회가 해결해야 할 윤리적이고 교육적인 도전 과제다. 초등학교에서 성인지 교육을 강화하는 것은 이러한 문제에 대한 근본적인 해결책 중 하나로써 학생들이 디지털 시대에 필요한 윤리적 감수성과 건강한 관계 형성 능력을 갖출 수 있도록 돕는다. 이는 개인의 안전과 존엄성을 지키는 것뿐만 아니라 나아가 성평등을 바탕으로 한 포용사회를 만드는데 기여할 것이다. 성인지 교육이 초등학교의 필수 교육과정으로 자리 잡기를 기대한다.

5. 성인학습자를 위한 지역 내 공유대학이 필요하다![5)]

최근 고령화 사회와 4차 산업혁명 시대가 맞물리며 성인학습자들의 평생학습에 대한 요구가 급증하고 있다. 이러한 시대적 분위기에 발맞춰 정부는 '대학의 평생교육체제지원사업'인 LiFE 2.0(2023.6.~2025.2.)을 진행했다. 이 사업은 2025년부터 새롭게 시작되는 '지역혁신중심 대학지원체계사업'인 RISE로 통합된다. 현재 부울경 지역의 많은 대학들은 성인학습자만을 위한 별도의 입학전형 및 교육과정과 정규 학위과정을 운영하고 있다.

부산, 울산, 경남(BUG) 지역은 경제·산업 구조의 변화, 저출생·고령화, 청년인구 감소 등 다양한 문제들로 인해 심각한 도전에 직면해 있다. 이러한 상황에서 성인학습자를 위한 공유대학 설립은 지역 문제를 해결하는 하나의 방법이 될 수 있다.

학령기 학습자를 대상으로 한 공유대학은 이미 여러 지역에서 성공적인 모델로 자리 잡고 있다. 예를 들어, 강원특별자치도에서는 여러 대학이 협력하여 학생들에게 다양한 전공과 융·복합 교육과정을 제공하고 있다. 이를 통해 학생들은 자신

---

5) 2025. 2. 13. 뉴스경남 오피니언.

이 소속된 대학에서 제공하지 않는 강의를 다른 대학에서 수강할 수 있고, 학점도 상호 인정받는다. 이러한 모델은 대학 간 물리적·행정적 장벽을 허물고 학생들에게 폭넓은 학습 기회를 제공하며 지역 내 고등교육의 질적 향상을 가져왔다. 충청권 공유대학도 지역 특화 산업과 연계된 교육과정을 개발하여 학습자들이 졸업 후 지역 경제에 기여할 수 있도록 지원한다. 이는 지역 내 인재 유출을 방지하고 대학과 지역사회 간 상생 구조를 구축하는 데 기여하고 있다. 이러한 성공 사례들은 성인학습자를 대상으로 한 공유대학에도 충분히 적용 가능하다는 점을 시사한다.

부산·울산·경남 지역은 다른 지역에 비해 고령화 속도가 빠르게 진행되고 있다. 이로 인해 특히 노인복지, 보건, 재활 분야의 평생교육 수요가 더 증가하고 있다. 중·장년층은 직업 변화와 은퇴 이후의 삶을 준비하기 위해 새로운 지식을 습득하고 기술을 익혀야 한다. 그러나 현재 대학 시스템은 성인학습자 과정을 운영하고 있다고 하더라도 여전히 학령기 학습자 중심으로 설계되어 있어 성인학습자의 요구를 충분히 충족시키지 못하고 있다. 이와 함께 BUG 지역 내 대학 간 연계와 협업이 부족한 실정도 문제로 지적된다.

따라서 성인학습자 공유대학은 대학 간 협업을 통해 지역 내 교육 자원을 효율적으로 활용할 수 있는 플랫폼을 제공할 수 있다. 예컨대, 부산의 대학은 노인복지와 AI, MICE 관련 강의를, 울산의 대학은 제조업 기반의 실습 과정을, 경남의 대학은 농업·생명공학 관련 교육을 제공하는 방식으로 협력할 수 있다. 이를 통해 성인학습자들은 자신이 원하는 강의와 프로그램을 자유롭게 선택할 수 있다.

부산·울산·경남 지역은 조선, 자동차, 석유화학 등 전통 제조업 중심의 산업 구조를 가지고 있었으나 최근 산업 변화로 인해 새로운 기술과 지식에 대한 수요가 증가하고 있다. 성인학습자 공유대학은 이러한 지역 산업의 변화에 대응하여 맞춤형 교육과정을 개발하고 학습자들이 지역 내 일자리와 연결될 수 있도록 지원할 수 있다. 이는 학습 기회를 확대하고 대학 간 협력을 통해 교육 자원의 효율적 활용을 가능하게 하며 지역 경제 활성화에도 기여할 수 있다. 더불어 다양한 연령대와 배경을 가진 학습자들이 함께 학습하며 세대 간, 지역 간 교류를 촉진하는 효과도 기대할 수 있다.

부산·울산·경남 지역은 인구 감소와 산업 변화라는 도전에 직면해 있다. 이러한 상황에서 성인학습자 공유대학은 지역 내 평생교육 체계의 새로운 모델로 자리 잡을 가능성이 크다. 학령기 학습자 공유대학의 성공 사례가 보여주듯이 대학 간 협력과 지역 산업 연계를 통해 BUG 지역의 성인학습자들은 폭넓은 학습 기회를 얻고 지역사회와 경제에 긍정적인 영향을 미칠 수 있다. 이제는 대학, 지방자치단체, 지역 산업체가 함께 협력하여 성인학습자 공유대학 설립을 본격적으로 논의해야 할 때이다. 2025년부터 새롭게 시작되는 '지역혁신중심 대학지원체계사업'인 RISE를 적극 활용하는 것도 좋은 방법이다.

6. 대학의 학부생 교육, 이대로 좋은가?[6)]

최근 최태원 SK그룹회장의 부인이며 이혼소송과 막대한 재산분할비용으로 유명해진 노소영 아트센터 나비관장이 대학특강을 다녀온 소감을 밝히면서 '교육의 의미와 목적 자체를 재고할 때'라고 강조한 것이 화제가 되고 있다. 노 관장은 서울대와 계명대 학부생 수업을 비교하면서 질문의 질이 계명대가 서울대보다 더 나았다고 평가했다. 계명대 학생들은 진지한 고민이 묻어나는 질문을 했으나 우리나라 최고 학부라는 서울대 학생들은 경직된 질문뿐이어서 실망했다고 하였다.

그런데 이러한 실망이 서울대만의 문제일까? 이는 개인의 문제일까? 아니면 사회구조적 문제일까? 개인의 문제는 차치하고 우선 구조적 문제라는 관점에서 내용을 전개해 보려고 한다.

대부분의 일반계 고교는 대입에 종속되어 있다. 따라서 학생의 역량을 신장하는 것보다는 주로 정답을 얼마나 빠르고 정확하게 맞추는 것에 집중한다. 배워야 할 양 또한 많기에 수업방식도 강의전달식이 많다. 이런 상황에서 학생의 생각

---

6) 2024. 6. 27. 뉴스경남 오피니언.

깊이가 커지길 바라는 것은 어불성설이다. 생각의 깊이가 없으니 문제의식이 있는 질문이 나오기 어렵다. 이런 고교생이 대학에 온다고 해서 하루아침에 달라지지 않는다. 대학 학부는 고교의 연장(고교 4학년?)일 뿐 구조적으로 더 취약할 수도 있다.

대학 학부생 교육의 문제점은 여러 가지가 있지만 우선 다음만을 제기해 본다.

첫째, 제대로 된 졸업논문을 쓰는 역량이 미흡하다. 우리사회는 논문표절을 대개 석사·박사에게만 적용할 뿐 학부생에는 관대한 '구조적 묵인'을 하고 있다. 이 때문인지 케리스에서 운영하는 리스포유에도 학사논문은 탑재되지 않는다. 제대로 된 논문을 쓰면 언론에 등장할 정도이다. 논문표절을 해도 학부에 대한 검증은 석사와 박사에 비해 미흡하다. 아예 표절여부를 보지 않거나 시스템 자체가 없는 곳도 있다. 학부생의 졸업논문은 논문심사를 학과 교수에게 자율적으로 맡기는 경우가 많기 때문에 논문의 정확도를 판단하기가 쉽지 않다. 교수가 그 많은 학부생들 논문의 의심되는 문구들을 일일이 검색하지 않는 한 표절여부를 판별하기가 어려운 상황이다. 대학원에서는 원생을 대상으로 논문표절 교육이 교과 또는 비교과를 통해서 이뤄지지만 학부생을 위한 논문표절교육은 미흡하다. 학부생은 논문표절이 무엇인지도 모르는 경우도 있으며 심지어는 인용과 표절을 구분하는 것조차도 모르는 경우가 부지기수이다. 논문표절 프로그램을 통해 학부생의 졸업논문을 정확히 거른다면 아마 제때에 논문이 통과되지 못해 졸업을 못 하는 학생이 늘어날 것이다.

둘째, 진로역량이 미흡하다. 중학교 때의 형식적인 자유학기제와 2025년부터 전면 도입되는 고교학점제는 아직 우리 내부의 부족한 교육환경에서 진로의 방향성을 이끌어가는 도구로써 제 역할을 한다고 하기에는 무리가 따른다. 대학에서 무전공 입학이 늘어나고 있지만 오히려 적성보다는 인기 있고 취업이 잘 되는 전공으로 몰릴 염려가 있다.

셋째, 토론역량이 미흡하다. 앞서 말한 고교의 강의전달식 수업 위주인 교육현실에서 논리적 근거를 들어 토론과 발표를 하기는 쉽지 않다. 더군다나 개인주의가 강한 상대평가에 익숙한 상황에서 갑자기 대학의 절대평가나 모둠학습을 통해 공동체성이 바로 향상되길 바라는 것은 더 어불성설이다.

따라서 학부생 교육제고를 위해서는 다음이 필요하다. 첫째, 올바른 논문을 쓸 수 있도록 연구방법론 교육이 필요하다. 둘째, 고교-대학 간 연계 프로그램 활성화를 통해 진로역량을 신장시켜야 한다. 셋째, 고교의 수업방식 변화를 위해 대학입학이 아닌 졸업이 어려운 시스템으로 변화가 필요하다. 이러한 혁신이 있어야만 이제는 먹고 대학생(?)이 아닌 질문을 잘하는 역량 있는 대학생이 될 것이다.

7. 국제바칼로레아(IB): 글로벌 시대의 교육 패러다임 변화7)

미래 교육은 단순히 지역적 맥락에서 머무르지 않고 전 세계적으로 통용될 수 있는 역량과 사고방식을 기르는 데 초점이 맞춰지고 있다. 이러한 변화의 중심에는 국제바칼로레아(International Baccalaureate, 이하 IB) 프로그램이 있다. IB는 학생들에게 단순한 지식 전달을 넘어 글로벌 시민으로서의 역량을 길러주는 교육과정으로 주목받고 있다.

1968년 스위스에서 시작된 IB는 국제적으로 공인된 고등학교 졸업 자격 프로그램이다. 현재 전 세계 150여 개국에서 5,600개 이상의 학교가 IB 프로그램을 운영하고 있다. IB는 초등(PYP), 중등(MYP), 디플로마(DP), 직업과정(CP)으로 나뉘어 있으며 각 과정은 학문적 깊이뿐 아니라 비판적 사고, 문제 해결, 창의적 탐구를 강조한다. 특히, 디플로마과정은 명문 대학 진학을 위한 탄탄한 기반을 제공하며 직업과정은 실질적인 기술과 직업 세계로의 연계를 목표로 한다.

IB의 가장 큰 특징은 '학생 중심' 교육이라는 것이다. IB는 교사가 일방적으로 지식을 전달하는 기존 교육 방식에서 벗어

---

7) 2025. 1. 30. 뉴스경남 오피니언.

나 학생 스스로 질문하고 탐구하며 해답을 찾아가는 학습 과정을 중시한다. 이를 위해 IB는 폭넓은 과목 선택과 체계적인 평가 방식을 제공하며 학습자에게 다양한 사고 능력과 자기주도성을 기를 수 있도록 한다.

또한 학습은 단순히 개별 과목의 지식을 축적하는 것을 넘어 서로 다른 과목 간의 통합적 사고를 통해 이루어진다. 예컨대, 과학과 역사, 언어와 예술이 연계되는 방식으로 지식이 유기적으로 융합되며 이는 21세기 융합적 문제 해결 역량을 갖춘 인재를 양성하는 데 중요한 역할을 한다.

IB가 한국에서도 주목받는 이유는 글로벌화와 입시제도 변화 때문이다. IB 디플로마를 취득한 학생들은 세계 주요 대학에서 인정받을 뿐 아니라 글로벌 역량을 갖춘 인재로 평가받는다. 특히, 외국대학 진학을 목표로 하는 학생들에게 IB는 필수적인 선택지로 자리 잡고 있다. 그뿐만 아니라 국내에서도 IB 기반 교육을 도입하는 교육청과 학교가 늘어나고 있으며 교육부 차원에서도 IB 프로그램 확대에 대한 논의가 진행되고 있다.

하지만 IB 도입에 따른 과제도 적지 않다. 먼저 IB를 효과적으로 운영하기 위해서는 기존 교육 시스템과의 조화가 필요하다. 현재 한국의 입시 제도는 여전히 성적 중심의 평가 방식을 고수하고 있다. IB의 교육 철학과 평가 방식이 한국 입시 환경에 적응하기 위해서는 제도적 변화가 필수적이다. 둘째, 교사의 역량 강화가 필요하다. IB 교육과정을 제대로 운영하려면 교사들이 IB 철학과 방법론에 대한 충분한 이해와 전문성을 갖추어야 한다. 이를 위해 IB 교사 인증 프로그램과 같은 연수 과정의 확대가 필요하다. 마지막으로, 학부모와 학생들의 인식 변화가 요구된다. IB는 단순히 대학 진학을 위한 도구가 아니라 미래 사회를 선도할 인재로 성장하기 위한 교육과정임을 이해하고 이를 적극적으로 받아들일 필요가 있다.

IB는 단순한 글로벌 학위가 아니라 새로운 시대의 학습 방식이자 교육적 가치의 변화이다. 이는 학생들에게 단순히 '어떻게 배우는가'를 넘어 '왜 배우는가'에 대한 근본적인 질문을 던진다. IB가 한국 교육에 성공적으로 자리 잡기 위해서는 학교, 학부모, 교육 정책이 유기적으로 협력하여 새로운 패러다임을 수용할 준비를 해야 한다. 미래 사회가 요구하는 인재는 단순히 지식을 잘 아는 사람이 아니라 그 지식을 어떻게 활용할지를 고민하고 더 나아가 글로벌 차원의 문제를 발견하고 이를 해결할 수 있는 사람이다. IB는 바로 그런 인재를 길러내는 플랫폼이다.

글로벌 시대를 살아가는 아이들에게 IB는 선택이 아닌 필수다. IB가 지향하는 교육 철학과 접근법이 한국의 교육 현실에 뿌리를 내려 더 많은 학생들이 글로벌 역량을 갖춘 인재로 성장할 수 있기를 기대해 본다.

8. 학폭신고는 '선빵'이 아니다![8)]

'선빵'은 싸움에서 상대를 먼저 공격하는 행위를 가리키는 은어로 '선빵을 날렸다', '선빵을 깠다'와 같은 표현으로 흔히 사용된다. '선빵만 날리면 싸움은 반은 먹고 들어간다'는 식의 사고방식은 싸움에서 선제적 행동의 중요성을 부각한다. 그런데 최근 학교폭력(학폭) 신고에서도 이 '선빵' 개념이 적용되는 사례가 늘고 있다.

학폭의 많은 경우는 아이들 간의 장난에서 시작해 감정적 변화나 누적된 갈등으로 인해 폭력으로 변질되는 경우이다. 문제는 신고를 먼저 한 쪽이 피해자의 지위를 얻으면서 유리한 고지를 점유하게 된다는 점이다. 이는 학폭 문제를 더욱 복잡하고 혼란스럽게 만들고 있다.

2004년 제정된 '학교폭력 예방 및 대책에 관한 법률(학교폭력예방법)'은 지난 20년간 학폭 문제를 다루는 법적인 틀로 자리를 잡아 왔다. 하지만 이 법의 적용 방식은 여전히 논란의 대상이다. 특히 학폭 문제를 법적인 관점을 중심으로 해결하려는 접근은 학생, 학부모, 교사 모두에게 큰 부담을 안기고 있다.

---

8) 2025. 1. 16. 뉴스경남 오피니언.

오늘날 학교와 교육지원청은 더 이상 아이들 간의 단순한 다툼을 중재하는 역할에 그치지 않고 법적 판단을 요구받는 '법정'과 같은 역할을 맡게 되었다. 사소한 갈등에도 법적 논리가 적용되며 변호사가 개입하는 소송전이 벌어지는 일이 잦아지고 있다. 이러한 상황은 학폭 담당교사와 관련 학생들의 담임교사에게 극심한 스트레스를 주며 학교 자체를 혼란에 빠뜨리고 있다.

더 큰 문제는 학폭 신고가 순수한 피해 구제를 넘어 전략적 수단으로 활용되는 현실이다. 학생들은 SNS를 통해 학폭 사례와 전략을 공유하고 학부모들은 맘카페 등에서 '맞폭(맞신고)'을 부추기는 사례가 늘고 있다. 이러한 상황은 학폭 문제의 본질을 흐리고 오히려 갈등을 심화시키는 결과를 초래할 수 있다.

학폭 신고 자체만으로 곧바로 피해자와 가해자를 나누는 현 시스템은 반드시 개선이 필요하다. 현재의 학폭조사서에서는 신고한 측을 '피해자', 신고당한 측을 '가해자'로 명시하는데, 이는 무죄추정의 원칙과 상충된다. 따라서 신고 초기 단계에서는 '신고자'와 '피신고자'라는 중립적 명칭을 사용하는 것이 더 적합하다. 이는 단순한 용어변경이 아니라 법적인 공정성과 절차적 정의를 확보하기 위한 중요한 변화이다.

더불어 학폭 문제를 단순히 법적 해결로 치부하지 않고 교육적 접근과 사회적 지원 체계를 통해 아이들 간의 갈등을 예방하고 해결해야 한다. 교사들에게 중재와 상담의 권한을 부여해 갈등 해결 능력을 높이고 피해자와 가해자가 직접 대화하고 상호 이해를 통해 해결책을 찾는 회복적 정의(restorative justice) 방식을 적극적으로 실천해야 한다. 또한 공감 능력과 비폭력 커뮤니케이션을 포함한 인성 교육을 확대해 예방적 노력을 강화할 필요가 있다.

이제 학폭은 단순히 학생들 간의 문제로 끝나지 않고 있다. 특히 초등은 학생들 간의 문제라기보다는 학부모들 간의 문제로 변질되고 있다. 따라서 학폭은 가정, 학교, 나아가 사회 전반의 문화를 반영하며 그 해결 역시 모두의 책임을 요구한다.

학폭 신고가 '선빵'처럼 전략적으로 활용되는 현실은 학폭 문제의 본질을 흐리며 오히려 갈등을 증폭시킬 수 있다. 학폭은 더 이상 승패를 가리는 문제가 아니다. 우리가 학폭을 통해 진정으로 추구해야 할 것은 갈등을 정의롭고 공정하게 해결해 나가며 관련 학생들을 올바른 성장으로 이끄는 과정이다.

9. 수습교사제 도입, 어떻게 바라봐야 하는가?[9)]

교육부는 2024년 11월 19일 '신규교원의 역량강화 모델 개발'이라는 수습교사제 시범운영 시행에 대해 발표하였다. 주요 내용을 보면, 2025학년도 교사(초등) 신규임용 대기자 중 희망인원(예정 140명)을 한시적 기간제 교원(가칭, 수습교사)으로 채용하여 2025학년도 3월부터 8월까지 각 교육청(대전, 세종, 경기, 경북)별로 수립한 '신규교원 역량강화 프로그램'을 시범 운영한다는 것이다. 수습교사제 도입은 이번이 처음은 아니다. 1998년에도 추진했었다. 이번에 도입한 2025년 수습교사제와 1998년 수습교사제는 공통점과 차이점이 있다.

먼저 공통점은 임용시험 합격자 대상이라는 것이다. 차이점은 다음과 같다. 첫째, 도입목적이 다르다. 2025년 수습교사제의 목적은 신규교원의 교직적응 및 전문성 개발 지원이나 1998년 수습교사제의 목적은 교직 적격성 판정 및 학교현장 역량강화이었다. 둘째, 수습기간이 다르다. 2025년 수습교사제는 기간이 6개월이나 1998년 수습교사제는 기간이 1년이었으며 평가결과에 따라 연장도 가능했다. 셋째, 평가결과가

9) 2014. 12. 19. 뉴스경남 오피니언.

다르다. 2025 수습교사제는 신규교원의 전문성 개발 관련 피드백과 참고자료 활용이나 1998년 수습교사제는 근무·교육훈련성적을 평가한 적격 여부 판정으로 임용연장 또는 면직과 연계되는 것이어서 실제의 무게와 부담 측면에서 많은 차이를 보인다.

과거 수습교사제 도입과 관련된 연구와 조사도 있었다. 1998년 수습교사제 도입에 대한 한국교육개발원 설문결과를 보면, 교원은 찬성 37.2%, 반대 54.9%였으나 학부모는 찬성 79.2%, 반대 8.6%로 교원은 반대가 많고 학부모는 찬성이 많았다. 1998년 수습교사제는 교대·사대 재학생의 반대로 무산되었다. 이들은 수습평가 후 정교사 임용여부를 최종결정하는 방식과 대학과정 이수 후 임용시험까지 합격했는데 수습평가를 또 거쳐야 한다는 점에서 반발이 컸다. 하지만 2018년 교직원 대상 서울교육청 설문결과를 보면, 찬성 60.1%, 반대 20.9%이었다. 그 사이에 반대에서 찬성으로 교원의 인식이 변화되었음을 알 수 있다.

이번 2025년 수습교사제 도입에 대해서도 찬성과 반대의 의견이 있다. 먼저 찬성 측의 의견은 다음과 같다. 첫째, 일반 공무원도 수습제도(시보)를 운영하고 있다. 둘째, 예비교사들에게 1:1 맞춤형 교육이 가능하다. 셋째, 실무를 미리 익히기 때문에 현장에 바로 적응해서 교육과 행정업무가 가능하다. 구체적으로 교수학습법을 컨설팅받거나 학생 상담, 학부모 응대요령 등을 익힐 수 있다. 넷째, 교직 적성을 재확인하고 인성 함양을 할 수 있다.

반대 측의 의견은 다음과 같다. 첫째, 멘토 역할을 해야 할 수석교사, 고경력교사의 업무 부담이 가중된다. 둘째, 좁은 교직 사회에서 6개월간의 수습평가가 교직을 하면서 계속된 편견이나 잣대로 활용될 여지가 있다. 셋째, 재학시절에 이미 교생실습을 했고 일반공무원과 교육공무원은 다르므로 동일한 잣대로 평가해선 안 된다. 넷째, 학습과 실무를 익힌다고 하나 멘토 교사나 관리자들에게 '눈치 보기'를 할 가능성이 크다.

그럼 수습교사제도는 앞으로 어떠한 방향으로 가야 할까? 첫째, 용어 변경이 필요해 보인다. 국어사전에 따르면 '수습'의 뜻은 '학업이나 실무 따위를 배워 익힘'이지만 실제 현장에서 받아들이는 수습이란 용어는 여전히 적격 여부로써 면직과 연계되는 1998년 수습교사제의 부정적 프레임에 갇혀있는 것으로 보인다. 따라서 중장기적으로 수습교사제가 아닌 다른 용어로의 변경이 필요하다.

둘째, 중등으로 확대가 필요하다. 이번에는 초등만을 대상으로 하지만 중등도 실제 수업이나 실무를 익히는 과정이 필요하기 때문이다. 특히 2025년부터 전면 도입되는 고교학점제나 AIDT(디지털교과서)를 위해서도 필요해 보인다.

셋째, 수석교사나 고경력교사의 부담을 덜어주는 방향으로 개선되어야 한다. 이를 위해 상대적으로 여력이 있는 관리자나 행정실장도 멘토로서 적극적으로 활용해야 한다. 넷째, 교육과정과 임용시험 개선을 위한 촉매제가 되어야 한다. 현재 교대·사범대, 교직 이수, 교육대학원은 주로 교육학·교수학습 이론만을 배우기 때문에 현장의 다양한 실무를 익히는 데 어려움을 겪을 수밖에 없다.

이를 이론과 실습연계형 교육과정으로 전면 개편해야 한다. 아울러 교생실습의 효율화, 교·사대의 통합, 교육전문대학원 6년제 등의 검토도 필요하다. 또한 임용시험은 이론 중심이 아닌 수업 실연, 면접, 상담 활동 등의 평가지표 개발과 비중을 확대하는 방식으로 개선되어야 한다. 마지막으로 초임교사에게 학교폭력 등 기피업무부터 맡기는 관행도 개선되어야 한다.

이번 수습교사제 도입은 교원노조나 단체와의 논의 없이 발표되었다. 이러한 정책의 일방통행은 현장의 저항을 불러일으킨다. 교육의 정답은 현장에 있으므로 듣고 싶은 사람들만의 얘기만이 아니라 교총이나 전교조, 교사노조연맹 등의 의견도 귀담아들어야 한다. 추후 이어지는 사회적 협의체에서는 정책의 상호작용성이 활발해지길 기대한다.

10. '금융과 경제생활' 교과서를 필수 과목처럼 운영해야 한다![10]

최근 사회적 문제로 확산되고 있는 청소년의 불법도박, 휴대폰 깡으로 인한 불법 사금융 이용 등을 예방하려는 목적과 청소년들의 금융역량을 강화할 목적으로 금융위원회는 고등학교에서 '금융과 경제생활' 교과서의 성공적인 안착을 위한 적극적인 홍보에 나선다. '금융과 경제생활'은 2025학년도 고등학교 교육과정부터 융합선택과목으로 신설되어 2026학년도 고등학교 2학년(현재 중학교 3학년) 학생 수업부터 적용된다. 금융과 경제생활은 (1) 행복하고 안전한 금융생활 (2) 수입과 지출 (3) 저축과 투자 (4) 신용과 위험관리의 4가지 주제로 구성되어 있다.

'금융'은 국어사전에 의하면 금전을 융통하는 일이다. 특히 이자를 부쳐서 자금을 대차하는 일과 그 수급 관계를 이른다. 쉽게 말하면 '돈'에 관한 것이다. 우리나라는 자본주의를 기저로 하는 사회이다. 자본주의는 생산 수단을 자본으로써 소유한 자본가가 이윤 획득을 위하여 생산 활동을 하도록 보장하는 사회이다. 즉 돈을 가진 사람이 자유롭게 경제활동을 할

---

10) 2024. 11. 7. 뉴스경남 오피니언.

수 있는 사회이며 돈이 중심이 되는 사회이다. 따라서 자본주의에서 살아가려면 돈의 속성에 대해서 잘 알아야 한다. 그러나 청소년, 대학생, 사회 초년생들은 돈의 속성에 대해서 잘 모른다. 심심치 않게 금융 및 계약사기 등을 당하는 기사를 접할 수 있다. 이는 이들이 사실 '금융문맹'이기 때문이다.

왜 이들이 '금융문맹'이 되는 걸까? 그 이유는 다음과 같다.

첫째, 금융을 과목으로서 학교에서 배울 기회가 없거나 제대로 배우지 않았기 때문이다. '금융과 경제생활'의 모(母) 과목은 경제이다. 경제는 사회 교과군에 속해 있으며 진로선택과목이다. 그런데 학생들은 수능에서 경제 과목을 잘 선택하지 않는다. 배워야 할 분량도 많고 점수 따기가 쉽지 않기 때문이다. 따라서 학생들은 대부분 사회 교과군에서 사회·문화를 주로 선택한다. 상대적으로 경제보다 점수가 잘 나오기 때문이다. 수능 선택을 잘 하지 않기에 내신으로도 그다지 인기가 높지 않다. 따라서 상대적으로 과목 개설도 많지 않아 배우고 싶어도 기회가 별로 없다.

둘째, 교사 요인 때문이기도 하다. 금융이 포함된 경제 과목은 교원 자격 상 일반사회 교원 자격증을 가진 교사가 가르칠 수 있다. 일반사회 교사 자격증은 4개의 세부과목이 포함되어 있다. 법학, 정치학, 경제학, 사회학이 그것이다. 일반사회 교사 자격증은 사범대나 교육대학원에서의 일반사회 교과 교육학 과목을 이수해서 취득하는 방법과 앞서 말한 4개 교과목 학문을 전공(학사)하는 사람들 중 선발해서 교직 이수를 통해 취득하는 방법이 있다.

먼저 일반사회 교과 교육학을 통해 취득한 경우에 경제학은 1개 학기에 개론 수준의 과목을 수박 겉핥기식으로 배우고 교사가 된 케이스이다. 당연히 경제학에 대한 깊이와 마인드가 약할 수밖에 없다. 나머지는 4개 학문 중 교직 이수를 통해 취득해서 교사까지 된 경우이다. 하지만 이들 대부분의 전공 학문은 법학, 정치학, 사회학이다. 경제학은 교사보다는 기업에 취직하는 경우가 더 많다. 따라서 경제 과목을 제대로 깊이 있게 가르칠 교사가 많지 않다. 그래서 일반사회 교사들은 본인이 가장 자신 있어 하고 학생들도 많이 선호하는 사회·문화 과목에 집중할 수밖에 없다.

필자인 본인도 마찬가지다. 고등학교 시절에 경제를 제대로 배워본 적이 없다. 당연히 대학입시에서도 선택하지 않았다. 계약서 한 장 쓸 줄 몰랐고 사기도 당했으며 이로 인해 적지 않은 돈을 날렸다. 사람들은 '수업료'를 낸 거라며 잊어버리라고 했다. 그런데 왜 수업료를 학교에 내지 않고 사회에 내야 하는지에 대해 속 시원히 말해주는 사람은 없었다. 이제 수업료는 학교에 내자. 물론 요즘은 법적으론 아니지만 정책적으로 고등학교까지 무상교육이기에 수업료를 낼 필요는 없다. 다시는 나와 같은 '금융 문맹'으로 인한 피해자가 양산되지 않으려면 학교에서 똑바로 배워서 사회에 나와야 한다. '금융과 경제생활'이 비록 선택과목이지만 필수과목처럼 운영되어야 하는 이유이기도 하다.

11. 현재의 학교폭력 대책, 이대로 좋은가?[11)]

2024년 9월 25일 교육부는 제1차 학교폭력 전수(초4~고3) 실태조사 결과를 발표했다. 그 결과 학교폭력(학폭) 피해 경험 비율은 2.1%이었으며 2013년 이후 가장 높은 수준을 보였다. 학폭 피해 호소 학생이 증가함에 따라 학폭 신고와 학폭대책심의위원회(심의위) 건수도 상승하고 있다.

교육부는 2023년 4월 '학폭근절 종합대책'으로 가해 학생 조치 사항 일부를 학생부 보존 기간 연장을 통해 대입에 불이익을 주는 제도를 도입했지만 실효성은 높지 않았다. 이는 학폭 빈도가 많은 초등에 맞는 정책이 아니기 때문이기도 하다.

현재 학폭 신고 후 학교와 교육지원청의 대책은 다음과 같은 문제점이 있다.

첫째, 학교 문제이다. 교사의 과중한 업무로 인해 학부모에게 학폭 사실에 대한 즉각적 연락, 목격자 확보, 가해자와 피해자 부모 간 중재 및 정보제공, 초동조처가 미흡하다. 신설된 '학폭조사관'과의 업무 협조도 쉽지 않아 보인다.

둘째, 학폭대책심의위원회 위원 문제이다. 위원장에는 현직

---

11) 2024. 10. 24. 뉴스경남 오피니언.

교장들이 많다. 현직이므로 전체 과정에서 공정성이 훼손될 수 있다. 또한 비전문가인 학부모가 여전히 다수를 구성하며 전문가인 변호사와 경찰의 출석률은 낮다. 이로 인해 면밀한 심의를 기대하긴 어렵다.

셋째, 가해 학생 조치 평가상 문제이다. 가해 학생 조치 세부 기준 지표는 조정이 요구된다. 특히 반성 정도와 화해 정도는 기준과 용어가 모호한 데 비해 5점 척도여서 판단 변별력이 떨어진다. 심각성과 고의성을 헷갈리는 학부모 위원이 여전히 많은 것도 평가의 정확성을 떨어뜨린다. 또한 일부 위원장은 조치 사항을 미리 정하고 후에 점수를 끼어 맞추도록 유도하는 사례도 있다.

넷째, 기타 사항 문제이다. 피해자 부모는 가해자가 '진심 어린 사과'가 없기 때문에 학교장 종결이 아닌 심의위에 부쳤다고 하지만 '진심 어린 사과'는 개별적이고 모호하다. 학폭 빈도가 많은 초등을 보면 학생 간 문제가 아닌 부모 간의 싸움으로 변질되고 일부는 아동학대를 유발한다. 일부 고교는 성적 상위자가 성적 최상위자를 가벼운 조치(서면사과) 2회를 통해 '끌어내리는(?) 도구'로써 심의위 제도를 악용한다.

그렇다면 이러한 학폭 대책 문제는 어떻게 해결해야 할 것인가?

첫째, 학교에서 교사보다 교장의 역할이 더 늘어야 한다. 지금도 업무가 과중한 교사에게 학폭까지 맡기는 건 무리다. 조사관제도를 도입했지만 교사 업무가 획기적으로 줄진 않는다. OECD 국가 다수의 교장은 '일꾼 이미지'로 업무량이 과다하여 지원자가 부족한 현상을 겪고 있다. 하지만 승진제인 우리나라는 교장의 직무 기준과 역할이 '학교 통할'이라는 용어로 대변되지만 모호하며 여전히 일꾼보다는 뒷짐 진 '어른 이미지'가 강하다. 또한 CCTV를 복도나 사각지대에 추가로 더 설치해야 한다.

둘째, 심의위 인적 구성을 개선해야 한다. 현직 교장은 위원(장)에서 제외해야 한다. 학폭 사건이 많은 일부 교육지원청은 심의가 매일 열린다. 그들이 없어도 학교가 잘 돌아간다면 이번 기회에 현재의 교장 제도를 재검토해야 한다. 비전문가인 학부모 비율을 학폭 예방 및 대책에 관한 법률(학폭법)을 개정하여 줄이고 대신 상담전문가를 더 늘려야 한다.

셋째, 가해 학생 조치 지표 배점을 항목별로 조정해야 한다. 특히 반성 정도와 화해 정도는 기존 5점 척도에서 3점 척도로 줄여 채점 부담감을 줄이고 공정성을 높여야 한다. 늘어난 점수는 심각성과 고의성을 조금 더 세부적으로 평가하여 전문성을 높여야 한다. 물론 용어의 명확한 개념 정의, 평가 기준 재정비도 필요하다. 학부모 간 갈등과 아동학대 위험 감소를 위한 학부모 교육의 강화도 필요하다.

'기분 상해죄'와 '선빵(?) 날리기'라고 오해를 받는 현재의 학폭 제도를 이제는 근본적으로 재검토해야 한다. 학생이나 학부모가 학폭에 대한 민감도가 높아져 학폭이 증가한다고 안일하게 진단하는 교육부의 더 면밀한 분석과 실효성 있는 대책이 요구된다. 마침 제5차 학교폭력 예방 및 대책 기본계획(2025~2029)이 필요한 상황이기도 하다.

12. 교육감 공약사업평가위원회가 더 발전하려면[12)]

교육감이 선출직으로 바뀌면서 선출직 교육감들은 공약사업 이행결과를 임기 내에 평가하고 이를 달성하는 일에 많은 관심을 기울이고 있다. 경상남도 교육감도 마찬가지이다.

제18대 경상남도 교육감 공약사업평가위원회는 2022년 12월부터 2026년 6월까지 진행된다. 실질적으로 1년마다 하반기 평가는 겨울(2월경)에, 상반기 평가는 여름(8월경)에 이렇게 2번 경상남도 교육감 공약사업평가가 시행되고 있다.

경상남도가 공약사업평가위원회를 통해 정기적으로 공약사업을 평가받는 것은 매우 적절하고 잘한 처사라고 생각한다. 다만 이러한 경상남도 공약사업평가위원회가 실질적으로 더 발전하기 위해서는 다음과 같은 문제점을 개선해야 한다.

첫째, 사업평가 확인지표와 이행목표가 주로 정량적 형태로만 되어있고 이에 대한 근거가 미약하여 실질 효과성 파악이 어렵다. 면밀한 수요나 요구, 분석 조사 없이 만들어진 정량적 목표달성도에 가장 높은(40%) 평가 가중치를 두는 문제점도 보인다. 목표달성도는 매년 수치가 조금씩 증가하는 형태로

12) 2024. 8. 15. 뉴스경남 오피니언.

대부분 설계되어 전체 대상 학생들의 숫자는 늘어나나 개별 학생의 실질 효과성이나 역량 신장 여부 판단은 쉽지 않아 보인다.

둘째, 사업별 평가는 대부분 사업 마지막 날에 진행되는 형식적인 만족도 조사에 그치고 있다. 사업 참여자는 마지막 날에 진행되는 만족도 조사를 빨리하고 귀가하려고 하기 때문에 만족도 조사가 충실히 이뤄진다고 보기 어려우며 이런 만족도 조사는 수요자들의 실질적 요구사항을 파악하기 어려우므로 다음 사업을 위한 피드백을 충실하게 수용하기 어렵게 된다. 각 사업별로 개선 필요 및 향후 대책이 있지만 어떤 근거로 도출되었는지도 확인이 어렵다. 담당자 스스로만 평가하는 경우는 정확한 피드백이라고 하기 어렵다. 언제까지 이렇게 형식적인 만족도 조사만 할 것인가?

셋째, 공약사업 대상이 주로 초등과 중학교 학생 위주 또는 새로운 건물 신설로 편중되어 있다. 이는 교육감이 선출직이기 때문에 대입에 민감한 고교생과 학부모보다는 상대적으로 사업하기 편한 초중의 '학부모 표'를 관리하기 위한 목적으로 보인다. 이러한 경향으로 인해 모든 학교에 엘리베이터 설치(통합교육이나 아픈 학생을 위한) 같은 본질적 사업이 배제되거나 고등학교 학생들은 소외감을 느낄 수도 있을 것으로 보인다.

넷째, 다른 부서나 지자체와의 협업이 미흡하다. 공약사업 전체로 보면 부서별로 연계되는 사업이 다수 있음에도 '칸막

이 문화'로 인해 부서 간 협업이 잘 안 되는 것으로 보인다. 이로 인해 같은 내용과 대상이 중복되는 사업이 보인다. 또 경상남도와의 협업도 잘 안 되는 것으로 보인다. 협업하는 것처럼 보이는 네트워크나 협의회도 있지만 자세히 보면 형식적으로 하는 횟수만 있을 뿐 실질적 내용은 잘 보이지 않았다.

마지막으로 담당 장학사의 잦은 인사이동은 사업의 일관성과 지속성을 저하하는 요인으로 작용하며 공약과제의 변경 근거도 다소 미흡해 보이며 형식적으로 '빨리 해치우는' 모습이 보이는 점도 아쉬웠다.

따라서 제18대 경상남도 교육감 공약사업평가위원회가 좀 더 실질적인 효과성을 높이기 위해서 다음과 같은 발전 방안을 제시해 본다. 첫째, 각 부서는 자료준비와 자료수집을 체계적으로 기획하여 정확하게 작성하고 자료수집 근거, 작년과의 차이를 미리 준비하는 것이 필요해 보인다.

둘째, 사업평가를 천편일률적이고 형식적인 만족도 조사에서 각 사업의 특성에 맞는 좀 더 세밀한 평가지표를 개발하고 사업 진행마다 수시로 평가하여 이에 따른 피드백과 환류에 충실하게 다음연도에 반영하였으면 한다. 세밀한 지표개발이 어려우면 경남교육정책연구소의 종단연구와 연계하여 사업을 평가하는 방안도 고려해 볼 수 있다. 또한 개별 학생의 역량 신장 확인을 위한 지표검토도 필요해 보인다.

셋째, 가시적 건물 신설보다는 교육 본질로 접근하고 사업 대상을 고등학생까지 모두 포괄 연계하는 사업으로의 구상이 필요하다. 정치적 목적이 아닌 교육 본질이 근본적 철학이 되어야 하고 차제 신규 사업을 구상할 때는 전체 모든 학생을 대상으로 하는 사업을 기획했으면 한다. 예컨대 중학교부터 고교학점제 연계사업검토가 있다.

넷째, 다른 부서·지자체와의 협업 확대와 실질적 네트워크를 구축할 필요가 있다. 정부사업은 이제 지자체를 위탁업무 위주의 소극적 활용보다는 적극적으로 활용하는 능동적 지방자치제도를 운영하는 방향으로 변화되고 있다. 예컨대 교육부의 글로컬대학30과 RISE 사업이 그러하다. 한편 교육청에서 긴급돌봄센터 사업을 하지만 수요자 위주가 아닌 공급자 위주로 되어있다. 토요일에는 13시까지만 운영하며 일요일과 공휴일에는 아예 운영하지 않는다. 정작 필요할 때는 돌봄이 안 되는데 어떻게 '긴급돌봄'이라고 할 수 있나? 긴급돌봄을 하는 경남육아종합지원센터가 있지만 네트워크가 미흡하며 이로 인해 협업도 이뤄지지 않고 있다.

공약사업평가가 1년에 2번 부서별로 형식적으로 지나가는 행사가 아니라 실질적으로 지역 교육 수요자들에게 유의미한 역량 신장과 발전으로 이어지길 기대해 본다.

13. AI 디지털교과서 도입, 어떻게 바라봐야 하는가?13)

교육부는 학교에 AI 기반 디지털교과서(AIDT)를 순차적으로 도입한다고 발표했다. 2025년 초등 3·4학년, 중·고교 1학년 영어, 수학, 정보 과목부터 단계적으로 도입하여 2028년에는 전 과목으로 확대할 계획이다. 디지털교과서는 기존 서책형 교과서에 용어사전, 멀티미디어 자료, 실감형 콘텐츠, 평가문항, 보충 심화학습 등 풍부한 학습자료와 학습지원·관리기능이 추가되고 에듀넷 티-클리어 등 외부 자료 연계가 가능한 교과서이다. 2024년 8월까지 AI 디지털교과서 개발을 완료해 2024년 11월 첫선을 보였다. 현재 현직 교사 12,000명을 대상으로 특별연수도 진행 중이다.

하지만 해외에서는 오히려 디지털에서 아날로그 교육방식으로 회귀하고 있다. 영국 일간지 가디언에 의하면, 스웨덴은 디지털교과서를 도입했다가 2023년에 폐지했다. 이는 지나친 디지털화 학습방식으로 인해 학생들의 문해력 저하가 증명됐기 때문이다. 이탈리아, 핀란드, 프랑스, 네덜란드 등의 나라도 교실 내 디지털과 모바일 기기 사용 금지 정책을 추진하고 있다.

13) 2024. 7. 25. 뉴스경남 오피니언.

과거 우리나라는 디지털교과서를 도입했다가 실패했었다. 이번 AI 디지털교과서 도입에도 찬성과 반대의견은 팽팽하다.

찬성 관점은 다음과 같다. 첫째, 디지털 격차 해소가 가능하다. 어차피 써야 할 디지털기기를 제대로 알고 잘 사용할 수 있게 하면 디지털 격차를 줄일 수 있다. 둘째, AI를 활용하는 것은 거스를 수 없는 시대적 흐름이므로 이에 편승하고 대비해야 한다. 챗GPT가 일반화되고 있고 자율주행 등의 일반화가 시간은 걸리겠지만 어차피 갈 길이기 때문에 도입해야 한다. 셋째, 개별맞춤형 수업으로 인해 학습의 흥미가 높아진다. 직관적, 입체적 수업이 가능하므로 시간과 능률면에서 효율적이며 학생참여중심·개념기반 탐구중심 수업이므로 수업방식의 변화도 꾀할 수 있다.

반면에 반대 관점은 다음과 같다. 첫째, 디지털기기의 조기 접촉은 득보다 실이 많다. 어린 나이에 디지털기기의 잦은 사용은 두뇌 발달에 악영향을 준다는 연구결과도 있다. 또한 시력·문해력·집중력·협력학습 저하로 인해 오히려 학습 효율성이 떨어진다. 도쿄대학 대학원 종합문화연구과 사카이 구니요시 교수는 교육의 디지털화가 아이의 능동적 사고력을 저하하고 유아기에 잦은 디지털 콘텐츠 노출이 스스로 생각하는 힘을 앗아갈 수 있다고 경고한다. 둘째, 불균등한 교사 역량의 차이로 인해 디지털 격차 해소가 아닌 디지털 격차가 더 벌어질 수 있다. 단기간의 연수로는 교사역량을 균일하게 만들기 어렵다. 셋째, 충분한 의견수렴 없이 너무 졸속으로 추진한다. 디지털교과서 도입은 학부모와 학생들에게 의견을 충분히 수렴하고 시범사업을 장기간 진행한 후에 추진해도 늦지 않다. 이 때문에 관련 업체와의 이해관계 때문에 현 정부에서 빨리 진행하는 것이 아니냐는 오해도 받고 있다.

디지털교과서 도입에 대한 대안은 다음과 같다. 첫째, 법령을 제대로 정비한 후 추진할 필요가 있다. 관련 법령의 개정 없이 시행령으로만 추진하는 것은 정당성이 미약할 수밖에 없다. 둘째, 디지털교과서 도입은 많은 예산이 들고 미래교육의 방향성을 정립하는 것이기 때문에 충분한 시범사업 기간과 그로 인한 긍정적 연구결과, 교육수요자들을 위해 충분할 설명과 시간을 가지고 설득하는 것이 필요해 보인다. 또한 법에 따라 국가교육발전계획을 10년마다 수립해야 하는 국가교육위원회와 면밀한 협의 후에 결정하는 것이 필요해 보인다. 셋째, 디지털기기 조기 접촉 폐해 연구결과를 무시할 수 없으므로 초등학교는 제외하고 중학교부터는 디지털(게임) 중독여부를 검사 후 중독이 아닌 경우와 학부모와 학생이 동의하는 경우에만 사용하는 것을 검토할 필요성이 있다.

교육부 장관은 디지털교과서 도입 반대 여론에 대해 홍보부족이라고 하고 디지털교과서 도입이 교실 혁명을 위한 수단이라고 한다. 그러나 교육을 백년지대계라고 말하면서 그 혁명을 현 정부 임기 내에 꼭 완성해야 하는가? 이로 인해 '교육 4대강 사업'이라는 비판도 나온다. 과거 도입에 실패했었고 세계의 아날로그 회귀 흐름에도 역행하며 개인정보 유출위험도 있다. 너무 급하게 정책을 추진하는 게 아닌지 정말 깊게 생각해 볼 일이다.

14. 수능 유감, 객관식만이 공정하다는 허상에서 벗어나야 한다[14)]

수능을 출제하는 한국교육과정평가원이 주관하는 2025학년도 6월 모의수능성적이 공개되었다. 이번 모의 수능은 소위 '불수능'을 넘어 '용암수능'이고 과목 간 난이도 조절도 실패했다고 한다. 왜 그럴까?

첫째, 절대평가인 영어영역 성적의 1등급이 1.47%에 그쳤다. 상대평가도 1등급이 4.0%가 기준이다. 이럴 거면 왜 절대평가를 하는가? 정부가 영어학습 부담과 사교육감소를 위해 2018학년도 입시부터 영어에 절대평가를 도입했지만 난이도가 시험 때마다 달라 오히려 수험생의 불안을 키우고 있다. 특히 2023년 정부의 '킬러 문항' 배제 방침으로 영어출제 경향이 달라지고 영어가 계속해서 어렵게 출제되면서 사교육을 더 부추길 수 있다는 우려가 커지고 있다.

둘째, 선택과목 간 편차가 컸다. 특히 수학 미적분 표준점수가 가장 높아 이과생에게 유리하였다. 수학에서는 미적분 152점, 기하 151점, 확률과 통계 145점으로 최대 7점차가 발생했다. 상대적으로 국어는 언어와 매체 148점, 화법과 작문

---

14) 2024. 7. 11. 뉴스경남 오피니언.

145점으로 3점차에 불과했다. 2023년 본 수능 때는 선택과목 간 표준점수 최고점 격차가 국어는 4점, 수학은 11점까지 벌어졌었다. 수능은 이과생이 문과생보다 여전히 유리하며 계열 구분이 없는 무전공 선발유형과 정시 선발에서는 이과생이 더 유리할 수 있다.

이렇게 문제가 많은 수능을 앞으로 어떻게 개혁해야 하는가?

첫째, 전 과목 절대평가를 해야 한다. 절대평가도 하려면 영어처럼 들쑥날쑥한 난이도가 아니라 안정적 난이도를 유지하는 절대평가를 해야 한다. 이를 위해서는 평가기준을 투명하게 공개해야 한다. 현재의 9등급 상대평가가 아닌 모든 과목을 절대평가화하는 것이다. 물론 현재도 영어와 한국사는 절대평가이지만 그로 인해 국어와 수학에서 '준 킬러 문항'이 양산되고 풍선효과가 발생하는 문제점을 낳고 있다. 따라서 모든 과목을 절대평가화하는 것이 필요하다.

둘째, 공통과목(1차)은 자격고사화하고 전공과목(2차)은 심화 고사를 보는 것이다. 수능을 오전과 오후에 나눠서 보는 것이다. 오전의 1차는 객관식(자격고사)으로 치고 오후의 2차는 주관식으로 보는 것이다. 평가방법이 바뀌면 교육내용이 바뀌고 일선 고등학교에서의 교수학습방법도 바뀔 수 있다.

셋째, 전 과목을 자격고사화하는 것이다. 이른바 pass/fail 방식이다. 수능은 본래 취지대로 대학을 수학할 자격만을 평가해야 한다. 나머지 선발방법은 대학이 결정해야 한다. 내신과 수능을 통한 수동적 선발제도는 대학의 선발역량을 약화시킨다.

결국 '수능=공정'이라는 허상에서 벗어나 수능 영향력을 줄여야 한다. 또 객관식만이 공정하다는 환상을 버려야 한다. 객관식만이 공정하다면 논술과 대학의 주관식 시험, 논문은 공정하지 않다는 것인가? 손꼽히는 기업들은 서류와 면접만을 통해 선발한다.

AI에 대체되지 않으려면 인간만의 창의적·비판적 사고력을 키워야 함에도 여전히 우리나라에서의 교육은 질문이 사라지고 대입의 과잉경쟁 틀 속에 갇혀있다.

한편 언제까지 합숙해서 출제할 것인가? 또한 출제위원도 교사가 30%가 아니라 70% 이상이 되어야 한다. 고교에서 가르치지도 않는 대학교수가 왜 출제를 하는가? 수능출제위원장도 교사가 하고 장기적으로 문제은행 출제방식으로 변경해야 한다.

수능은 학력고사의 암기교육폐해를 극복하고 교육 본질인 개인의 잠재력을 개발하고자 만든 시험제도이다. 또한 수능은 말 그대로 대학을 수학할 능력을 판별하는 것이 목적이다. 본연의 취지에 어긋난다면 폐지하거나 대수술을 하는 것이 맞다.

15. 대학 축제 유감[15)]

매년 5월이 되면 많은 대학은 축제를 연다. 축제(festival)는 개인 또는 집단에 특별한 의미가 있는 일 혹은 시간을 기념하는 일종의 의식이다. 따라서 대학 축제는 모든 구성원의 결속력을 강화하는 소통 수단이 된다. 그래서 대학축제를 다함께 크게 어울려 화합한다는 '대동제(大同祭)'로 표현하기도 한다. 그러나 언제부턴가 대학축제가 아이돌 공연으로 변질되고 있다. 어떤 아이돌 가수가 오느냐가 구성원들의 화합보다 더 중요하게 된 것이다.

언제부터 대학축제가 연예인 초대행사로 변했을까? 1970년대 대학축제는 쌍쌍파티, 통기타로 대변되는 낭만적 감성과 유신정권에 대한 저항이 공존하는 행사였다. 1980년대 5월 이후에는 현실을 날카롭게 비판하는 다수의 학술제와 역동적인 공연이 진행되었으며 이를 통해 군사독재정권에 대한 저항을 표현하였다. 하지만 1990년대 후반 IMF 이후 신자유주의 심화, MZ세대 등장, 강력한 소비자본주의의 물결에 의해 대학축제는 사회현실에 대한 비판의식이 약해지고 소위 먹고 마

15) 2024. 5. 30. 뉴스경남 오피니언.

시고 즐기는 일회성 유희만을 위한 행사로 변질되어 갔다.

전국 어디나 똑같은 주점문화와 인기 가수를 통한 대학축제의 모습에서 백화점식의 대학 전공 구성과 유명 관광지의 동일한 특산품 구성의 데자뷔(deja vu)를 본다. 주점이 필요하면 단체로 술집을 가면 되고 아이돌 가수 공연이 필요하면 단체로 아이돌 가수 콘서트를 가면 될 일이다. 이것을 대학 안에서 축제라는 이름으로 조장할 필요가 있을까?

축제 비용은 또 어떠한가? 최근 기사를 보니 부산대학교에서 축제 예산이 3억 정도 든다고 한다. 아마 다른 대학도 비슷할 것이다. 아이돌 가수 몇 명이 와서 몇 곡 부르는 데 이렇게 많은 예산을 소진할 필요가 있을까? 차라리 그 돈으로 힘들게 공부하는 학생들에게 장학금으로 지급하는 것이 더 의미 있는 일이 아닐까?

물론 일반 학생들의 참여가 없기에 일부 대학의 총학에서 궁여지책으로 시작한 가수 초대 공연이었을 것이나 이제는 전국적으로 동일하게 대학 구성원이 아니라 초대가수가 중심이 되는 행사로 변질되어, 급기야는 주객이 전도되어 버렸다.

그럼 대학 축제는 어떻게 변화되어야 할까? 첫째, 일부만 참여하는 행사가 아닌 모두가 참여하는 본질로 돌아가야 한다. 대학축제는 유명 가수를 보려고 1년에 1번 개최하는 행사가 되면 안 된다. 대학 모든 구성원인 교수, 직원, 학생이 삼위일체가 되어 대학, 사회, 지역 문제를 고민하고 같이 부대끼는 놀이의 과정에서 하나의 공동체라는 일체감을 느끼게 하는 원래 취지의 대동제로 돌아가야 한다.

둘째, 축제비용을 효율적으로 사용해야 한다. 유명 아이돌 가수를 위해 몇 억을 쓰는 건 심각한 예산 낭비이다. 단순히 축제하면 외주업체의 제안서를 받고 유명 아이돌을 많이 섭외했다는 경력으로 비용을 낭비하지 않기를 바란다. 차라리 그럴 바에는 학교 내 동아리 공연이나 전공별 학술제 위주로 운영하고 남는 돈은 장학금으로 지급하기 바란다.

셋째, 대학만의 특성화된 축제 프로그램을 개발해야 한다. 대학은 설립 취지, 지역, 풍토도 다르다. 이에 따라 발생하는 지역 문제, 대학 문제도 다를 것이다. 이를 다 같이 치열하게 고민하는 과정에서의 한바탕 어울림이어야 한다. 프로그램 개발이 어렵다면 차라리 드라마 '오징어 게임'에 등장했던 전통놀이를 모두가 어울려 하는 게 더 나을 수도 있을 것이다.

대학축제는 스트레스를 잠시 날려버리는 1회성의 외도가 아닌 구성원 간 또 다른 방법을 통한 소통의 창구이어야 한다. 대학축제의 신(?)이 가수 싸이가 아니라 대학의 모든 구성원이길 진심으로 바란다.

16. 수능 사태, 킬러(killer) 문항이 아니라 킬러(killer)가 본질이다 (1)[16]

2023년 6월 15일 윤석열 전 대통령은 "대학수학능력시험(수능)이 변별력은 갖추되 공교육에서 다루지 않는 분야는 배제해야 한다"라고 하였다. 즉 킬러 문항(초고난도 문항)을 수능에서 제외하라는 의미이다.

이 발언으로 인해 온 나라가 혼란스러워하고 있다. 교육부 대입국장은 경질되었고 한국교육과정평가원장은 사임하였으며 교육부장관은 엄중 경고를 받았다.

특히 수험생과 학부모에게는 엄청난 파장을 몰고 왔다. 수능은 100%로 활용되는 정시뿐만 아니라 수시에서도 중요하다. 수시에서 학생부교과전형이나 논술전형에서 최저 기준으로 활용되기 때문에 매우 중요하다고 할 수 있다.

이번 윤석열 전 대통령의 수능 발언이 우리 사회에서 커다란 파장을 가져온 이유는 무엇일까?

첫째, '시기'의 문제이다. 킬러 문항 발표일 기준으로 2024학년도 수능은 156일 남았다. 굳이 이 시점에서 대통령이 이러한 발언을 함으로써 혼란을 가중할 필요가 없다. 또한 고등

---

16) 2023. 6. 28. 양산신문 오피니언.

교육법 34조의 5항에는 대학수학능력시험(수능) 등 교육부 장관이 시행하는 시험의 기본 방향과 과목, 평가방법, 출제 형식은 4년 전에 공표해야 한다고 규정하고 있다.

수능이 5개월도 안 남은 시점에서 한 발언은 향후 법적으로도 문제가 될 소지가 있다. 율사이며 검사 출신인 대통령이 법적인 안정성을 깨트리는 발언을 한 것은 적절하지 않아 보인다.

둘째, '무게'의 문제이다. 대통령은 좀 더 큰 방향에서 거시적으로 국가 전체를 내려다보면서 정치적·경제적·사회적 방향성을 정하는 것이 적절한 역할이다. 교육에서 그중에서도 미시적인 부분인 수능을 콕 찍어서 문항 난이도에 대해 언급하고 킬러 문항을 배제하라는 것은 대통령이 할 일은 아닌 듯하다.

교육을 총괄하는 교육부가 있고 수능을 주관하는 한국교육과정평가원이 있으며 2022년 하반기에 새롭게 출범한 대통령 직속 국가교육위원회가 있다. 국가교육위원회법 10조에 의하면 교육 비전, 중장기 정책 방향, 교육 정책 조정 등은 국가교육위원회의 소관 사무이다. 만약 대통령의 그런 생각이 있으면 대통령 직속인 국가교육위원회에 의견을 전달하는 것으로 족하다.

셋째, '대상'의 문제이다. 대통령실과 여당이었던 국민의힘 일부 의원은 윤 전 대통령이 말한 수능의 '킬러 문항' 때문에 이득을 보는 것은 사교육 카르텔이라고 보고 있다. 공교육에서 벗어난 킬러 문항을 공공기관이 계속 출제하는 것은 사교육 업체와 수능 출제 체제가 유착되었기 때문이라고 깊은 의심을 하고 있다.

하지만 교육의 문제를 정치적 문제로 확장하는 것은 문제가 있다. 소위 연봉이 수백억 원에 이르는 사교육계 일타 강사를 악마로 만들고 과거 사교육을 했던 진보 계열 정치인을 싸잡아서 비판하고 색깔론으로 모는 것은 비논리적으로 보인다.

그렇다면 수능은 어떤 방향으로 가야 하는가?

17. 수능 사태, 킬러(killer) 문항이 아니라 킬러(killer)가 본질이다 (2)[17]

그렇다면 수능은 어떤 방향으로 가야 하는가?

첫째, '본질'로 돌아가는 것이다. 수능은 학력고사의 암기 교육 폐해를 극복하고 교육의 본질인 개개인의 잠재력을 개발하고자 만든 시험제도이다. 또한 수능은 말 그대로 대학을 수학할 능력을 판별하는 것이 목적이다. 지금처럼 상대적 서열로 나누어서 점수와 등급으로 자를 목적(?)으로 만들어진 것이 아니다. 과거의 암기 교육 폐해를 극복하기는커녕 교육의 내용뿐만 아니라 문제 푸는 요령(스킬)까지도 암기하고 있다.

오죽하면 수능을 창시한 박도순 명예교수가 수능이 변질되었다며 수능을 폐지해야 한다고 하고 있지 않은가? 수능은 대학을 수학할 자격만을 평가하는 자격고사화 검토가 필요하다. 나머지 선발방법과 방식은 대학이 결정해야 한다. 고교내신과 수능을 받아서 수동적으로 선발하는 현 제도는 대학의 선발역량을 약화시킬 수 있다.

둘째, '평균'을 활용하는 것이다. 우리나라에서 수능은 한 사람의 인생을 결정지을 수 있는 막중한 비중의 시험이라고

---

17) 2023. 6. 30. 양산신문 오피니언.

할 수 있다. 이러한 수능의 단점으로 지적되는 것 중의 하나는 12년의 교육 결과를 단 하루의 시험으로 결정한다는 것이다. 수능을 3번 보고 그 평균을 점수와 등급으로 활용하는 방법이다. 현재도 수능을 주관하고 출제하는 한국교육과정평가원은 매년 6월, 9월에 모의고사를 출제하고 11월에는 수능을 출제하고 있다.

따라서 현재하는 수능 출제방식을 그대로 활용하는 방법이다. 6월과 9월에 출제하는 모의고사를 수능으로 격상시키고 3번의 시험을 봐서 그 평균으로 점수와 등급을 정하면 이러한 수능의 단점을 어느 정도 해소하리라고 본다. 과거 1994년 수능에는 2번을 본 적이 있다. 다만 그때는 평균이 아니라 잘 본 1개의 시험만을 선택하게 했다는 차이가 있다.

셋째, '평가' 방법을 변경하는 것이다. 현재의 스테나인 9등급제의 상대평가가 아니라 모든 과목을 절대평가화하는 것이다. 물론 현재도 영어와 한국사는 절대평가로 하고 있다. 하지만 그로 인해 국어와 수학에서 '킬러 문항'이 양산되는 문제점을 낳고 있고 윤 전 대통령의 발언도 그러한 취지에서 나온 것으로 보인다.

따라서 모든 과목을 절대평가화하는 것을 검토할 필요가 있다. 풍선효과를 막으려면 절대평가화하는 것이 바람직하다. 근래에 교육계에서 긍정적으로 검토하고 있는 국제바칼로레아(IB)도 절대평가이다. IB는 마지막 성적만을 절대평가로 반영한다. 평가방법이 바뀌면 교육내용이 바뀌고 일선 학교에서의 교수학습 방법도 바뀔 수 있다.

윤석열 전 대통령의 이번 수능 발언은 우리 사회에 많은 파장을 가져왔다. 또한 수능 킬러 문항을 배제하라고 하면서 사교육의 온상으로 지목되는 자사고, 외고, 국제고를 존치하는 모순된 정책을 펴기도 한다. 하지만 근본적으로 드는 고민은 수능의 킬러 문항이 문제가 아니라 수능이 우리 아이들을 죽이는 '킬러'가 되고 있다는 것이 가장 큰 문제라는 것이다.

매년 수능 문제 하나로 등급이 바뀌고 인생이 바뀔 수 있게 되는 무한 경쟁 사회에서 자신만이 도태된다고 여겨지는 커다란 부담감을 못 이겨 극단적 선택(자살)을 하는 청소년과 수험생이 얼마나 많은가? 저출생으로 가뜩이나 인구 감소가 심해지고 있는 작금의 현실에서 이미 태어난 생명마저 지키지 못하는 것은 국가적으로나 사회적으로 큰 문제라고 여겨진다.

이러한 관점에서 다시금 수능을 재검토하고 숙의하는 것이 무엇보다도 필요하다고 생각한다. 마침 2025년도부터 전면 도입되는 고교학점제로 인한 2028학년도 대입 개편안이 논의되고 있으므로 이런 장기적 관점에서 미래를 내다보는 혁신적인 논의가 형성되길 기원해 본다.

18. 현재 부울경 지역의 고3은 무엇을 준비해야 할까?[18)]

고3에게는 잔인한 여름방학이 다가오고 있다. 더군다나 윤석열 전 대통령의 수능 킬러 문항 언급으로 어수선한 분위기에서 2024학년도 대입을 준비하는 고3은 다른 해보다 더 쉽지 않다는 것은 분명해 보인다. 2024학년도 수능은 본문의 작성일을 기점으로 이제 125일 남았다.

2024학년도 4년제 일반대학의 수시접수는 대학에 따라 다르지만 9.11~9.15 기간에 이루어진다. 반면에 전문대학은 수시를 2번 접수한다. 1차는 9.11~10.15에, 2차는 11.10~11.24에 이루어진다. 우리나라에서는 너무나도 중요한 대입, 그럼 현재 우리 지역의 고3은 이 시점에서 무엇을 준비해야 할까?

첫째, 냉철하고 면밀한 자기분석을 해야 한다. 학교생활기록부(학생부), 6월 모의고사 수능 성적표를 가지고 자신의 강점과 약점을 정확히 파악해야 한다. 학생부에서의 내신성적, 세부능력 및 특기사항(세특), 창의적 체험활동(창체) 등의 내용을 살펴봐야 한다. 6월 모의고사의 등급과 백분위, 표준점수를 통해 전국에서 자신의 위치를 파악해야 한다.

---

18) 2023. 7. 19. 양산신문 오피니언.

이를 바탕으로 수시와 정시 지원전략을 효과적으로 설계해야 한다. 혼자 하기가 어려우면 담임선생님, 진로진학상담 선생님, 각 교육청의 대입지원관 또는 진로진학센터 소속 대입상담 교사단 등과 상의 후 결정하는 것도 좋은 방법이다. 한편 특수대학인 유니스트, 디지스트를 준비하는 학생은 자기소개서 작성도 준비해야 한다.

둘째, 수시지원 전략을 수립해야 한다. 수시는 6회 지원이 가능하다. 수시는 학생부교과전형, 학생부종합전형, 논술전형으로 구분할 수 있다. 수시는 보통 상향 1개, 소신 3~4개, 안정 1~2개로 지원하는 경향성을 보인다. 이러한 것의 기준은 역시 학생부의 내신성적과 6월 모의고사이다.

'인서울'을 생각한다면 학생부종합전형은 지원 전공 중심과목의 내신성적 3등급을 기준으로 세특, 창체 등 비교과 내용을 종합하여 판단해야 한다. 논술전형과 학생부교과전형은 각 전형의 중심인 논술과 내신성적이 중요한 전형요소이긴 하지만 더 중요한 것은 수능 최저 기준이다. 수능 최저 기준을 맞추지 못하면 불합격하기 때문이다. 따라서 6월 모의고사에서 이러한 기준을 맞추었는지를 확인하고 지원해야 한다.

셋째, 대입 박람회와 집중상담캠프 등을 적극적으로 활용해야 한다. 수시접수를 대비해서 각 교육청과 한국대학교육협의회(대교협)는 대입 박람회 또는 집중 대입상담캠프 등을 여름방학기간에 개최한다. 다수의 대학들이 이 행사에 참여한다. 참고로 부산교육청의 대입상담캠프는 7.14~7.15에 벡스코에서 진행된다. 경남교육청의 대학진학박람회는 7.22~7.23에 경상국립대학교에서 실시한다.

대교협이 주관하는 수시 대입정보박람회는 7.20~7.22에 코엑스에서 진행되며 입장료는 1,000원이다. 하지만 각 대학이 주는 기념품만 받아도 입장료 값의 본전은 뽑고도 남는다. 다른 대입 박람회에는 좀처럼 오지 않는 서울대학교도 대교협 박람회는 참가한다.

피할 수 없으면 즐겨야 한다는 말이 있다. 더운 여름, 우리 부울경 지역 고3의 건투를 빈다.

19. 일선 학교에서의 학교폭력 처리, 이대로 좋은가?[19)]

교권이 추락하다 못해 바닥을 뚫고 나갈 기세이다. 그렇다고 학생 인권과 교권을 대립시켜 제로섬 게임으로 몰고 가는 것도 아닌 것 같다. 학생 인권과 교권은 같이 성장하는 방향으로 가야 한다. 교권을 추락시키는 주요 사건으로 학교폭력이 거론된다. 학폭 처리는 중요한 업무이기 때문에 저경력교사가 아니라 고경력교사가 담당해야 한다. 그러나 일부 학교는 저경력교사에게 학폭 업무를 맡기고 있다. 저경력교사가 아니면 신규 이동자나 휴직 후 복직하는 교사, 기간제 교사에게 학폭 업무를 맡기는 경우도 나타나고 있다. 이는 학폭 업무가 중요하기는 하나 힘들기 때문에 누구나 기피하는 업무이기 때문이다.

최근 서이초 교사의 안타까운 사건도 학폭과 관련되어 있다. 물론 학교장 발표대로 학폭 업무를 담당하진 않았으며 학폭 신고까진 없었다. 학폭으로 진행되는 과정이기 때문에 학폭 신고가 되지 않은 것은 어찌 보면 당연하다. 다만 학교 관리자는 발표 내용이 팩트라고는 하나 책임을 면피하려는 전형적인 행정 처리로 보여 서이초 교사의 안타까운 사건 과정은 도외시

19) 2023. 8. 4. 양산신문 오피니언.

한 것으로 느껴져 도의적으로는 좋지 않은 모양새로 보인다.

학폭 처리를 저경력교사에게 맡기면 다음과 같은 문제가 생길 수 있다.

첫째, 초동 조사가 부실할 수 있다. 저경력교사는 학폭의 전 과정의 맥락 체크가 쉽지 않으며 팩트 체크도 부실할 수 있다. 지역의 정보나 학교 풍토도 낯설 수 있다. 피·가해 학생 간 적절한 거리 유지도 쉽지 않다.

이러한 상황에서 피·가해 학부모와 학생에게 시달리면 가장 중요한 수업도 부실해지며 심하면 정신과 치료를 받아야 하거나 이로 인해 병가를 낼 수밖에 없는 현실로 내몰릴 수 있다.

사례를 통해서도 차이를 알 수 있다. 예컨대 저경력교사는 학생이 담배를 피우면 왜 피웠는지(원인)를 주로 물어보고 단기적 처벌에만 관심을 기울이는 경향을 보인다. 하지만 고경력교사는 학교 근처에서 담배를 산(뚫은) 곳이 어디인지 물어보고 그곳을 파악해서 장기적인 근절과 예방에 관심을 기울인다.

둘째, 목격자 확보가 미흡할 수 있다. 학폭심의위원회에서 제일 중요한 건 정확한 진술이다. 하지만 가해자와 피해자 진술이 엇갈리는 경우가 많기에 목격자 진술이 매우 중요하게 작용한다.

그러나 저경력교사는 목격자 확보를 충분히 못 하거나 목격자 확보과정에서 목격자가 가해자 또는 피해자에게 노출되는 경우가 있어 추후 학폭대책심의위원회의 정당성과 공정성을 훼손하게 되는 경우가 있어 추후 행정심판이나 소송으로 연결되는 경우도 있다.

셋째, 피·가해 관련 학부모에 대한 대처가 미흡할 수 있다. 피·가해 관련 학부모에게 제대로 된 정보제공이 부실한 경우가 있다. 또한 피·가해 관련 학부모에게 화해, 사과에 대한 방법 안내도 제대로 이루어지지 않거나 감정 조율에 실패해 피·가해 관련 학부모 모두에게 불만을 사는 경우도 있다. 이러한 불만은 학교장 종결로 처리될 수 있는 객관적 요건을 갖췄음에도 피해 학부모와 학생의 부동의로 결국 학폭대책심의위원회로 회부되는 결과로 초래되고 있다.

학폭 사건은 코로나19 이후로 대면 수업이 다시 전면적으로 실시되면서 계속 증가하고 있다. 증가 원인은 여러 가지가 있을 수 있으나 일선 학교에서 저경력 담임교사가 학폭 초동조사를 하거나 저경력 또는 신규 이동, 복직자 등이 학폭 업무를 담당하고 있는 것도 주요 요인으로 보인다.

따라서 일선 학교는 학폭으로 문제가 불거질 것 같으면 고경력교사를 투입해 초동 조사를 하거나 관리자가 적극적으로 개입하여 책임을 나눔으로써 학폭으로 인해 더 큰 사태로 발전하지 않도록 조치하는 것이 필요해 보인다. 지금처럼 학폭으로 번질 것 같은 사건이 오롯이 저경력의 담임교사에게만 책임이 모두 지워지는 현실은 개선되어야 한다. 그래야 서이초 초등교사와도 같은 안타까운 사건이 줄어들 수 있을 것으로 보인다.

20. '3가지 악법'에 무너진 교권[20)]

2023년 서울 서이초 교사의 극단적 선택으로 귀결된 안타까운 사건이 일어났다. 또한 6학년 교사는 학생에게 폭행을 당해 전치 3주의 진단을 받는 사건이 일어났다. 교사에게 제일 스트레스를 주는 대상은 학생이 아니라 학부모라는 충격적인 조사 결과도 나왔다. 교권은 끊임없이 추락하고 있다. 교사는 공교육을 어떻게든 활성화하려고 하지만 일선 학교에서의 공교육은 활성화가 아닌 정상화조차 힘들게 하고 있다.

이는 다음과 같은 3가지 법 때문이기도 하다.

첫째, 아동학대범죄의 처벌 등에 관한 특례법(아동학대처벌법)이다. 한편 아동복지법에는 "아동학대"란 보호자를 포함한 성인이 아동의 건강 또는 복지를 해치거나 정상적 발달을 저해할 수 있는 신체적·정신적·성적 폭력이나 가혹행위를 하는 것과 아동의 보호자가 아동을 유기하거나 방임하는 것을 말하고 있다. 문제는 정신적 폭력이란 부분의 범위가 애매모호하다는 것이다. 흔히 정서학대로 표현되고 있는데, 아동의 기분이 나쁘면 아동 학대자로 처벌받을 수 있다.

---

20) 2023. 7. 31. 매일경제 독자칼럼.

아동은 아동복지법에서 18세 미만으로 규정하고 있어 고등학교 학생까지 포함한다. 문제는 이 법이 교사가 학생을 대상으로 한 교과나 생활지도를 하는 데 어려움을 주고 있다는 것이다. 예컨대 수업 시간에 "앉아, 조용히 해"라고 하거나 잠자고 있는 학생을 깨울 때 접촉하면 '성추행'으로도 오인당할 수 있다는 것이다.

만약 학생이 112에 아동학대로 신고하면 경찰이 출동하여 해당 교사는 조사를 받아야 한다. 추가로 교육청에 신고할 때는 상벌위원회가 열린다. 아동학대로 처벌을 받으면 최소한 '해임'이란 중징계가 나오는 경우가 많다. 따라서 교사들은 굳이 교육을 위한 적극적인 지도를 꺼리게 될 수밖에 없다.

둘째, 공교육 정상화 촉진 및 선행교육 규제에 관한 특별법(공교육정상화법)이다. 흔히 이는 선행학습금지법으로 표현되고 있다. 이 법으로 인해 학교에서는 선행학습을 할 수 없다. 특히 선행학습은 방과 후 학교 과정도 포함되기 때문에 학교에서는 선행학습을 할 수 없다.

이로 인해 선행학습을 자유롭게 할 수 있는 사교육은 오히려 더 증가하고 있다. 이는 통계로도 증명된다. 2022년 사교육비 총액은 26조 원으로 역대 최대 규모를 기록하고 있다.

셋째, 공무원의 정치적 중립성은 법률이 정하는 바에 의해 보장된다는 헌법 7조 2항이다. 역사적으로 공무원의 정치적 중립성은 해방 이후 이승만, 박정희 정권 등이 공무원을 자신들의 정권 유지를 위한 정치 목적으로 동원한 사례가 많았기 때문에 이러한 조문이 들어갔다고 설명할 수 있다.

하지만 이제는 시대가 변했고 이 조항이 모든 공무원에 적용되기에는 다소 무리가 있다. 특히 교육공무원인 교사에게는 이러한 정치적 중립성 측면이 성장하는 아동과 청소년에게 실제적 교육을 해야 하는 관점에서 보면 오히려 족쇄가 되어버렸다.

아이스너가 언급한 '영 교육과정(null curriculum)'으로 이를 설명할 수 있는데, 사회문제나 정치 이슈가 배울만한 가치가 있음에도 수업에서 교사가 의도적으로 공무원의 정치적 중립이라는 법을 위반할 수 있다는 두려움에 이러한 내용을 가르치지 않거나 교수학습방법에서도 토론이나 토의 수업을 꺼리게 되는 결과를 초래하게 된다. 이로 인해 민주시민 양성은 요원하게 될 수 있다.

교사의 교직관은 전문직관, 성직자관, 노동직관의 3가지가 있다. 대부분의 교사는 전문직관으로 무장하고 자율성, 책무성을 내재하지만 우리 사회는 교사에게 성직자관이나 노동직관을 더 요구하는 것 같다. 노동자이니 참고 성직자처럼 무한한 인내를 요구하니까 말이다.

하지만 교사도 직업인이기 이전에 사람이다. 언제까지 감정노동자로서 인내하며 최소한의 자존심마저 잃어야 하는가? 정부와 정치권은 교권과 학생 인권을 대립 구도로 만들거나 일부 교원노조와 진보 교육감 때문이라는 말로 문제의 본질을 호도하지 말고 이번 사건을 계기로 제대로 된 정책과 법 개정을 포함한 장기적이고 지속 가능한 대응 방안을 보여주길 바란다.

21. 고3 대입 수시 전략, 어떻게 세워야 할까?[21)]

2024학년도 일반 4년제 대학의 수시 접수는 9.11~9.15까지 5일간 진행됐다. 수시모집은 전체모집인원의 79%를 차지하기 때문에 매우 중요하다. 수시모집에서 학생부 위주전형(학생부교과전형, 학생부종합전형)은 전체에서 85.8%를 선발하며 논술위주전형은 4.1%를 선발한다.

수시는 일반적으로 학생부교과전형, 학생부종합전형(학종), 논술전형으로 나눌 수 있다. 대표적인 3가지 전형에 대한 수시 준비 및 전략 수립 방안을 아래와 같이 살펴보고자 한다.

첫째, 학생부교과전형이다. 학생부교과전형은 전체 전형에서는 44.8%를 차지하고 수시 전형에서는 56.7%를 차지한다. 일부 대학(수능 최저 X, 면접 또는 서류추가 등)을 제외하고 다수 대학의 학생부교과전형에서 제일 중요한 건 내신성적과 수능 최저기준을 맞추는 것이다.

희망 대학의 내신성적의 커트라인 정보는 대입정보포털인 어디가(www.adiga.kr)에서 확인할 수 있다. 어디가-지망 희망 대학검색-전형평가기준-학생부교과전형-2023학년도전형

21) 2023. 8. 23. 양산신문 오피니언.

결과에서 50% cut과 70% cut을 통해 지원가능정도를 어느 정도 가늠할 수 있다. 이를 바탕으로 선생님과 협의해 전략을 짜야 한다. 일부 커트라인(cut line)이 공개되므로 경쟁률은 다른 전형에 비해 높진 않다.

둘째, 학종 전형이다. 학종은 전체 전형의 23.1%를 차지하고 수시 전형의 29.2%를 차지한다. 학종은 대학에 따라 다르지만 주로 다단계 평가를 진행한다. 1단계인 서류(학생부)평가에서는 교과와 비교과영역으로 나눠서 평가한다. 교과 영역은 학업 역량을 평가하는 것으로 내신성적, 이수 과목, 세부능력 및 특기사항(세특)을 위주로 본다. 비교과영역은 전공적합성, 인성 등을 평가하는 항목으로 출결사항, 창의적 체험활동(창체)의 자율활동, 동아리활동, 봉사활동, 진로활동과 행동특성 및 종합의견(행특) 등을 위주로 평가한다. 발전가능성 등 종합평가영역은 교과와 비교과 영역을 포괄하여 평가한다.

2단계인 면접평가에서는 1단계 서류내용의 진실성 확인, 제시문을 통한 전공 면접, 인성, 멀티면접 등 다양한 평가방식을 통해 해당 대학이나 전공이 원하는 인재를 선발하게 된다. 일부 대학은 기출 면접문항을 공개하고 있으므로 해당 대학 입학처 자료실에서 그 내용을 내려받아 준비하는 것도 한 방법이다. 특히 2024년부터 자기소개서가 전면 폐지되면서 상대적으로 면접이 더 중요해지고 있다.

셋째, 논술전형이다. 논술은 전체 전형의 3.3%를 차지하고 수시 전형의 4.1%를 차지한다. 차지하는 비율은 그리 높지 않지만 논술전형을 실시하는 대학은 주로 중상위권 이상의 대학이거나 지방거점대학이 많다. 논술전형은 수능최저를 실시하는 대학과 실시하지 않는 대학이 있다. 논술전형은 주로 인문·사회 계열은 철학이나 사회과학 내용을 물어보며 자연·공학·의학보건 계열은 수학이나 과학 문제 풀이가 많은 편이다.

논술전형의 기출문제는 각 대학의 입학처 홈페이지 자료실 등에 '선행학습 영향평가 결과보고서'에 공개되어 있으며 일부 대학은 출제 의도와 모범답안까지 나와 있으므로 이를 참고해서 준비하는 것이 바람직하다.

한편, 수시모집에서 근래에 눈여겨볼 부분은 지역인재전형이다. 지역인재전형은 지역대학에서 해당 지역 출신고등학교 졸업자만 지원이 가능한 전형으로 주로 학생부교과전형이나 학종으로 선발한다. 지방대 육성법 시행령 개정으로 의·치·한의·약학·간호 계열 정원에서의 의무 선발 비율이 40% 이상으로 상승함에 따라 관련 대학이 증가하였다.

2024학년도는 103개교가 모집을 하며 전체 비율은 6.9%를 차지한다. 의료·보건 계열 지원을 노리는 수험생은 꼭 수도권만을 노리지 말고 지역인재전형을 적극 활용하는 것도 좋은 전략이다. 마지막으로 (사)한국대학교육협의회(대교협) 상담전화인 1600-1615를 통한 전략 수립 방법도 추천한다.

22. 언제까지 고3만 바라볼 것인가? 이젠 성인학습자와 외국인이다![22)]

우리 사회의 고질적 문제로 고착화되고 있는 저출생·고령화 현상은 학령인구 감소의 결과를 가져왔다. 이에 따라 대학은 입학생 모집의 어려움으로 인해 생존 기로에 직면해 있다. 특히 수도권이 아닌 지방의 사립대는 이러한 위험의 한복판에 있다. 이로 인해 지방사립대는 입학팀 직원뿐만 아니라 교수들도 입시홍보에 동원되는 일이 더 증가하고 있다.

이러한 상황에서 지방대학은 새로운 입학자원 대상으로 특별히 다음의 두 대상을 주목하고 있다.

첫째, 성인학습자이다. 교육부는 2016년부터 비학위과정이 아닌 학위를 주는 평생교육단과대학 사업을 9개교로 시작했다. 2023년부터는 라이프(LiFE) 2.0을 통해 30개 대학으로 사업을 확장하였고 제5차 평생교육진흥기본계획을 통해 라이프 사업 대학을 2027년까지 70개 대학으로 확대할 예정이다. 고졸 성인학습자의 신입학이 여전히 주이나 최근에는 기존 대졸자의 재교육이나 순환교육도 증가하는 현상을 보이고 있다. 이는 급속한 사회변화에 따른 재취업, 이직, 자기계발을 위한

22) 2023. 8. 28. 양산신문 오피니언.

새로운 전공 공부 또는 자격증을 취득하고자 하기 때문이다.

부울경 지역 4년제 평생교육단과대학은 부산외국어대학교, 부경대학교, 영산대학교, 동의대학교, 동명대학교, 경남대학교, 신라대학교 등이 성인학습자 전담 학과(부)를 운영하고 있다. 성인학습자 평생학습확대를 위해서는 성인 친화적 교육기반마련, 다양한 학위(마이크로디그리, 나노디그리 등)와 취·창업 및 다양한 프로그램 개설을 통해 신규 유입을 촉진해야 한다.

둘째, 외국인 유학생이다. 교육부 통계를 보면 2022년을 기점으로 내국인 외국 유학생보다 해외 유입 외국인 유학생이 42,572명이 더 많아 역전 현상이 발생했다. 해외유입 외국인 유학생의 증가는 전 세계로 확산되고 있는 한류 문화인 K-컬처(드라마, 영화, 음악, 음식 등)의 영향이 크다고 할 수 있다.

해외 외국인 유학생의 출신국가는 중국이 40%로 가장 많고 다음은 베트남 23%, 우즈베키스탄 5%, 몽골과 일본이 각 4%, 미국 2%, 기타 22%이었다. 유학 유형별로 보면 학위연수가 75%(학사 49%, 석사 16%, 박사 10%)로 가장 많았고 어학연수 16%, 기타 9% 순이었다. 2004년에 시작된 외국인 유학생 유치 확대 정책은 유학·연수 수지 적자개선, 고등교육의 글로벌경쟁력 강화, 국제무대에서 한국의 위상 제고, 해외 우수인적자원 활용이 목적이다.

하지만 외국인 유학생 유치는 많은 문제가 있다. 국제화역량인증의 불합리한 제도, 외국인 유학생의 불법체류에 대한 대학의 과도한 책임 부과, 재정능력 입증을 위한 높은 기준, 유학생의 경제활동(근로병행·인턴·졸업 후 취업 등) 제약 등이 이에 해당한다.

더불어 한국어능력시험(Topic) 점수, 유학생 질 관리, 졸업 후 국내 정주 및 취업문제 등도 과제이다. 정부는 최근 '유학생 교육 경쟁력 제고 방안(Study Korea 300K Project)'을 발표했다. 외국인 유학생을 2027년에는 30만 명까지 유치를 확대한다는 것이다. 입학장벽을 낮추거나 조건을 완화하여 유학생을 증가시키는 것도 중요하지만 이로 인해 증가하는 다양한 문제와 과제를 해결하기 위한 노력도 병행하여 계속할 필요가 있다.

학령인구 감소는 어차피 피할 수 없는 일이다. 이제 대학과 지자체는 고3만 보지 말고 외국인 유학생과 성인학습자 확대를 위한 연계협력을 늘려 적극적인 돌파구를 찾아야 한다.

23. 포스트코로나 시대, 학종의 뉴 노멀[23)]

연세대는 2020년 6월 학생부종합전형(학종)에서 비교과 활동 중 고3의 수상 경력, 창의적 체험 활동(창체), 봉사 활동 실적을 평가에 반영하지 않기로 했다. 서울대는 지역균형선발(지균) 수능 최저 기준을 3개 영역 이상 2등급 이내에서 3등급 이내로 하향하고, 정시는 출결·봉사 활동을 반영하지 않기로 했다.

다른 대학도 비교과 반영 방법, 면접 방식 온라인 변경 등을 발표했다.

포스트 코로나 시대에 중·장기적 관점에서 학종의 뉴 노멀(New normal)이 요구된다.

첫째, 학종의 비교과 활동 평가를 수치·실적·내용 위주 정량·정성 평가가 아닌 일정 기준에 도달하면 패스(PASS)되는 '인증제'로 바꾸는 것이다. 대구와 제주교육청에서 추진하는 IBDP의 CAS는 창체와 비슷한데, 이 또한 인증제를 취하고 있다. 인증제를 하면 사교육 감소, 교과 연계·비교과 활동과 학습 간 불균형 해소 효과를 볼 수 있다.

---

23) 2020. 6. 23. 매일경제 독자칼럼.

둘째, 학종 면접 유형을 '상황 면접'으로 바꿀 필요가 있다. 대부분 대학은 서류 확인과 제시문 면접을 하는데, 서류 확인은 수험생 간 변별도가 낮고, 제시문은 인지 능력만을 평가하고 정답이 있어 구술형 논술에 가까우므로 사교육 유발 가능성이 크다. 따라서 코로나19처럼 불확실하고 '정답이 없는' 상황형 면접이 필요하다. 상황 면접은 지식, 기술, 태도를 보는 총체적 역량 평가다.

셋째, 고3이 아닌 '고2 중심'으로 무게 추를 옮겨야 한다. 학종만을 보면 고3이 아닌 고2가 더 문제다. 선행 연구를 보면 이미 일부 대학은 고3을 평가에 반영하지 않거나 고3 평가 비중이 상대적으로 다른 학년에 비해 낮았다. 고3은 연세대처럼 고2까지 비교과 활동을 본다지만 코로나19 장기화 국면에서 고2는 무엇을 볼 것인가? 비교과 활동뿐만 아니라 세부 능력이나 특기 사항도 볼 것이 별로 없다. 이에 대한 논의가 필요하다.

울리히 벡은 위험사회의 세계화를 경고했고, 특히 한국의 가장 큰 위험요소 중 하나는 신뢰 상실이라고 했다. 토마 피케티는 14세기 흑사병이 농노제도 종말을 가져온 것처럼 코로나19로 더 공정하고 공평한 사회가 도래할 수 있다고 전망했다. '위험의 일상화'를 대비하고 우리 사회의 '신뢰 증진'이라는 목표 실현을 위해 학종을 포함한 대입 전형과 그에 따른 교육 정책이 작은 밑거름이 되기를 소망해 본다.

24. 고교학점제의 안정적 정착을 위해 지역 대학의 변화가 필요하다![24]

현재 대입전형 중 진로에 맞게 과목을 선택하고 교과와 연계된 활동을 평가에 반영하는 것은 학생부종합전형(이하 학종)이 유일하다. 고교학점제가 안착하기 위한 필요조건 중 학종이 가장 연결성이 높은 전형이라고 하는 이유다.

여기선 학종과 지역 대학의 연계성을 살펴보기로 한다. 우선 2020학년도를 기준으로 정부 사업비를 받는 서울대, 연세대, 고려대, 지역거점대학의 학종 선발비율을 알아봤다.

서울대는 신입생 3천312명의 78.8%를 학종으로 선발한다. 수시는 100% 학종으로 선발한다. 고려대는 신입생 3천799명의 68.3%를 학종으로 선발한다. 수시 학종 비율은 82.6%이다. 연세대는 신입생 3천433명의 32.0%를 학종으로 선발한다. 수시 학종비율은 48.0%이다. 이들 세 대학의 학종 선발비율을 종합하면 전체 신입생 대비 평균 선발비율은 59.7%, 수시 선발 평균 비율은 76.9%에 이른다.

부산대는 신입생의 19.0%를 학종으로 선발한다. 수시 학종 비율은 28.6%이다. 경상대는 신입생의 39.2%를 학종으로 선

24) 2019. 11. 4. 매일신문 오피니언.

발하고, 수시 학종 비율은 50.9%이다. 충남대는 신입생의 20.8%를 학종으로 선발한다. 수시 학종 비율은 31.1%이다. 충북대는 신입생의 29.6%를 학종으로 선발하고, 수시 학종 비율은 41.5%이다.

전남대는 신입생의 26.7%를 학종으로 선발한다. 수시 학종 비율은 37.0%이다. 전북대는 신입생의 21.0%를 학종으로 선발한다. 수시 학종 비율은 31.7%이다. 강원대(춘천)는 신입생의 22.9%를 학종으로 선발하고, 수시 학종 비율은 32.9%이다. 제주대는 신입생의 25.6%를 학종으로 선발한다. 수시 학종 비율은 25.6%이다.

그러나 2020학년도를 기준으로 현재 대구경북 지역에서 입학생 3천 명 이상인 대표 5개 대학의 전형 비율을 보면 학종 비율은 상대적으로 낮다. 경북대는 입학생(4천961명) 대비 학종 비율이 18.5%(정원 내)에 불과하다. 상대적으로 학생부교과전형(이하 교과전형)은 35.1%, 정시는 33.5%에 이른다.

경북대는 '고교교육 기여 대학 지원사업' 대학이고 지역거점대다. 그 때문에 경북대 입학전형을 참고해 다른 대학이 전형을 설계한다는 것은 이미 주지하고 있는 사실이다. 그런데도 학종 비율이 낮다.

계명대는 입학생(4천607명) 대비 학종 비율이 23.2%이다. 반면에 교과전형은 43.4%이고, 정시는 20.0%이다. 특히 계명대는 '고교교육 기여 대학 지원사업' 7년 연속 선정대학으로 사업비가 11억 9900만 원으로 지역에선 가장 많다. 하지만 학종 비율은 20% 남짓에 불과하다.

영남대는 입학생(4천552명) 대비 학종 비율이 12.4%에 그친다. 반면 교과전형은 67.4%, 정시는 18.8%를 보여 교과전형 비율이 압도적으로 높다. 대구대는 입학생(4천593명) 대비 학종 비율이 19.2%에 불과하다. 교과전형은 58.8%, 정시는 11.2%로 교과전형 비율이 높다. 대구대도 '고교교육 기여 대학 지원사업'에 해당한다.

대구가톨릭대는 입학생(3천16명) 대비 학종 비율이 18.9%이다. 교과전형은 62.7%이고, 정시는 11.3%로 교과전형 비율이 높다.

지역 5개 대학을 종합하면 학종 비율이 상대적으로 교과전형, 수능 전형보다 낮다. 특히 '고교교육 기여 대학 지원사업비'를 지원받는 3개 대학조차도 학종 비율이 약 19% 내외로 높지 않다. 서울대, 연세대, 고려대의 학종 평균 비율과는 큰 차이를 보인다. 또한 지역거점대학 중 경북대가 전체인원 대비 최하위라는 것도 놀라운 일이다.

이렇게 교과전형과 수능 전형 위주인 지역 대학에 진학하기 위해선 많은 학생이 내신과 수능 공부에 매달릴 수밖에 없다. 다수 일반고 교육과정은 여전히 수능 중심 교육과정과 우수학생 내신 관리를 위한 교육과정 수준에서 벗어나지 못하고 있다. 일부 고교는 형식과 실제가 다른 교육과정을 편법으로 운영하는 것으로 보고되고 있다.

고교학점제는 우리나라 공교육을 획기적으로 변화시킬 수

있는 정책이다. 절대평가가 전제되므로 교과전형은 무의미해진다. 따라서 제도를 안정적으로 정착시키려면 학종과의 연계를 강화할 필요가 있다. 지역 대학의 학종 선발 비율도 지금보다 높아져야 한다는 뜻이다. 미래 교육 발전을 위해 지역 대학이 전향적으로 검토해야 할 부분이다.

25. 공공입학사정관제 도입돼야[25)]

고교학점제는 학생이 본인의 진로와 적성에 맞게 다양한 과목 중에서 해당과목을 선택해서 이수한 뒤 누적학점이 기준에 도달할 경우 졸업을 인정받는 제도이다. 교육부는 △ 학점제 도입기반 마련(2018~2021) △ 학점제 부분도입(2022~2024) △ 학점제 본격시행(2025~)의 로드맵을 가지고 현재는 전국 일반고와 직업계고를 대상으로 고교학점제 연구학교와 선도학교를 운영 중이다.

고교학점제가 안착되기 위한 필요조건으로 다음의 세 가지를 들 수 있다. 절대평가(성취평가제)와 무학년제, 학생부종합전형(이하 학종)이다. 특히, 학종은 현재로서는 고교학점제를 제대로 평가하기 위한 유일한 전형이라는 중요성이 있다. 따라서 대학에서 학종 선발비율을 높이는 것은 고교학점제 성공을 위해 중요한 요인이 될 수 있다.

하지만 대학이 학종 선발비율을 상향한다고 결정하더라도 재정이나 고용여건상 채용입학사정관을 더 늘리는 것이 쉽진 않다. 학종 평가를 위한 대학현실은 사실 녹록지 않다. 언론보

25) 2019. 11. 20. 영남일보 오피니언.

도와 전직입사관 인터뷰에 따르면 채용입사관수 부족은 물론, 채용입사관 1인당 평가자 수 과다가 걸림돌이다.

또한 채용입사관 다수가 계약직으로 인한 전문성 축적이 미흡하고 신규채용 입사관의 학사위주 선발로 인한 경험 및 평가 신뢰성 부족에다 교수·위촉사정관 훈련·교육·연수의 소극적 참여와 형식화로 인한 평가전문성 부족 등이 학종 평가의 공정성을 저해하는 문제로 지적되고 있다.

이에 대구지역에 전국 최초로 '공공입학사정관제' 도입검토를 제안하고자 한다. 이는 외부전문가를 투입함으로써 학종 선발의 공정성을 높여 '깜깜이 전형'이란 오명을 불식시킬 수 있는 장점이 있다. 또한 최근 논란이 되고 있는 정부의 시대착오적이고 학교의 학원화를 조장하는 정시확대 방침, 공정성 용어에 대한 재해석 측면에서 또 다른 대안이 될 수 있다.

공공입학사정관제는 국가 또는 공공기관이 파견한 공공입사관이 학생 선발과정에 참여하는 것이다. 일부 특목고와 대학에서 활용하고 있다. 과거 서울시교육감, 서울K대학 책임입사관, 일부 교육NGO가 주장했으며, 최근에도 다수의 교육NGO가 도입을 주장하고 있는 실정이다. 대상은 전직 입학사정관, 전·현직 대입지원관, 입사관훈련과정을 이수한(이수하지 않은 경우는 양성교육 별도 실시) 퇴직교원 및 공무원, 학위와 경륜을 갖춘 교육전문가 등을 인력풀로 구성한다.

방법은 해마다 인력풀의 일정비율(20% 내외)을 추첨하여 선정된 대학으로 순환, 파견하여 인재상과 철학, 평가방법교육을 하고 평가(서류, 면접)에 투입함으로써 공정성을 확보한다. 또한 입시는 보안이 중요하므로 선정인원의 보안은 법원의 국민배심원단제도를 준용하여 활용한다.

공공입학사정관제는 대학의 채용입사관 고용부담을 줄이는 것은 물론, 채용입사관보다 상대적으로 미흡한 교수·위촉사정관의 평가전문성 대체 효과가 있으며, 학종전형이 학생부교과전형화되고 있다는 비판을 잠재운다는 측면에서 유용하다.

공공입학사정관제를 도입함으로써 대구가 얻을 수 있는 기대효과는 교육수도로서의 위상 제고와 학종의 공정성 제고를 통한 정시확대 기조방침의 변화유도 등을 들 수 있다. 고교학점제는 우리나라 공교육 제도를 획기적으로 변화시킬 수 있는 중요한 정책이다.

따라서 고교학점제의 성공적 안착과 미래인재를 양성하기 위해 지방자치단체와 교육청, 지역대학 등이 공공입학사정관제에 대해 거버넌스와 네트워크 구축을 통해 심도 있는 논의와 숙의가 필요하다고 생각된다.

26. 학폭 예방, 처벌 강화보다 학부모 교육이 절실[26)]

학교폭력예방 및 대책에 관한 법률 제2조(정의)를 보면 '학교폭력이란 학교 내외에서 학생을 대상으로 발생한 상해, 폭행, 감금, 협박, 약취·유인, 명예훼손·모욕, 공갈, 강요·강제적인 심부름 및 성폭력, 따돌림, 사이버 따돌림, 정보통신망을 이용한 음란·폭력 정보 등에 의하여 신체·정신 또는 재산상의 피해를 수반하는 행위를 말한다'라고 되어 있다. 그런데 실제 교육 현장에서 학폭은 학생 간 폭력이 아니라 학부모 간 폭력으로 변질하는 경우가 많다. 왜 그럴까?

첫째, 입시 요인이다. 주로 고교생, 특히 수시 학생부종합전형(학종)을 준비하는 학생이 가해자인 경우가 그렇다. 가해 학생 조치는 제1호(서면사과)에서 제9호(퇴학)까지 있다. 학폭 자체도 문제지만 만약 가해 학생의 학폭대책심의위원회 조치 결과가 4호(사회봉사) 이상인 경우는 학교생활기록부(학생부)에 그 사항이 기록돼 졸업 뒤 최소 2년 동안 남게 된다.

다수 대학이 학종을 실질적으로는 삼수(졸업 뒤 2년)까지만 평가하기에 가해학생은 학종 지원 자체가 어렵다. 물론 정시

---

26) 2023. 4. 3. 한겨레 [왜냐면].

라는 대안이 있지만 상위권 대학 모집인원의 다수를 차지하는 학종을 포기하면 그만큼 합격 확률이 줄어든다. 때문에 가해 학생 학부모가 적극 개입해 행정심판, 소송으로 대응하기도 한다. 이번 정순신 변호사 아들 논란도 이에 해당한다.

둘째, '자아동일시 현상' 요인이다. 자녀 일을 본인 일로 동일시하기 때문에 학부모 간 자존심 싸움으로 변질한다. 특히 초등학생과 중학생에서 많이 볼 수 있다. 일부 피해 학생 학부모는 가해 학생에게 위협과 폭언을 해서, 역으로 가해 학생 부모로부터 아동학대로 경찰에 신고되기도 한다. 이렇게 되면 서로 맞고소를 하는 경우가 많아진다.

이제부터 학생 간 폭력이 아니라 학부모 간 폭력이 본격적으로 시작하며 각종 자료 수집, 진단서 발급, 각자의 친한 학부모를 통해 학생 목격자를 확보하기도 하면서 진흙탕 싸움으로 변질된다.

부모들의 개입으로 인해 학생 간 사과, 부모 간 화해는 물 건너가게 된다. 결국 학폭대책심의위원회 조치 결과 도출을 위한 기본 요소 가운데 반성과 화해 정도가 낮아 지표 점수가 높게 나오고 이는 행정심판, 소송으로 이어지기도 한다.

셋째, 보상 심리 요인이다. 일부 피해 학생 학부모가 해당한다. 피해는 어차피 입었으니 이를 '돈'으로 보상받으려는 것이다. 드라마 〈더 글로리〉의 피해 학생인 문동은(송혜교)의 모친은 딸의 자퇴 사유를 학폭 피해가 아닌 '학교 부적응'으로 바꾸는 대가로 많은 돈(합의금)을 받았다.

일부 학부모는 고의로 상해진단서를 발급받고 합의금을 과도하게 요구하는 경우도 있다. 이처럼 합의금이 오가면 피해 학생, 학부모가 학폭대책심의위원회 출석을 하지 않아 위원회 자체가 맥빠진 상태가 돼 행정 낭비가 되기도 한다.

정순신 변호사의 아들 학폭 논란이 커지자 윤석열 전 대통령은 교육부에 학폭 근절대책을 조속히 보고하라고 지시했다. 이에 교육부는 학폭 징계 학생부 기재 기한을 2년에서 10년으로 연장, 수시뿐 아니라 정시도 학폭 내용 반영 유도, 학생 인성 교육 강화로 방향을 잡은 듯하다.

하지만 처벌강화와 일반적 대책 말고 더 절실한 건 학부모 교육의 강화다. 발생한 학폭은 무엇보다 피해 학생 보호와 가해 학생 선도가 중요하다. 이 시기는 발달 특성상 또래 관계가 중요한 만큼 과도한 학부모 개입은 피·가해 학생 모두의 또래 관계 형성에 부정적 영향을 줄 수 있다.

따라서 학폭이 학부모 폭력으로 변질하지 않으려면 현재 가정통신문 중심의 선택적·형식적 학부모 연수가 아닌 다양한 안내·이수 방법을 통한 참여 확대와 더불어 사례 중심 학폭 예방 교육의 실질화, 피·가해 학부모만이 아닌 모든 학부모에게 사안 대처법을 포함한 학폭 매뉴얼 제공, 관련 제도 개선 등이 필요하다.

27. 입학사정관이 알려주는 고2 종합전형 준비 전략[27)]

수도권 주요 대학 등의 학생부 종합전형 준비생들에게 고2는 각별하다. 소위 '활동의 절정기'라 일컫는 시기다. 고1에서 준비하던 교과와 교과 연계 활동(비교과 활동)에 따라 각각의 자성의 시간을 필요로 한다.

고1 기간 활동을 기반으로 고2로 진학하면서 기존 활동은 확장하거나 발전시키고, 미흡한 부분은 보완하는 사실상의 종착지다. 고3 기간 교과 연계 활동은 그리 녹록지 않다. 고3 진학 후 그간 학업에 미흡했던 학생도 누구나 교과(내신)와 수능에 몰두한다. 자칫 교과 연계 활동에 비중을 뒀다면 내신은 곤두박질 칠 수 있다.

평가 역시 상당수 대학입학사정관들은 고교 3학년 1학기에 기재된 학교생활기록부에는 눈길을 돌리지 않는다. 동아리 활동이 대표적 예다. 고2 기간 상대적으로 봉사와 독서량이 많은 경우 학교와 개인에 관한 신뢰도와 정량적 증가에 관한 의구심만 갖게 된다.

이는 내신에 상당한 영향을 줄 수 있다. 다시 말해 '공짜

27) 2017. 1. 9. 브릿지경제 [티엔티즈 칼럼].

점심'은 없다는 뜻이다. 입학사정관은 의문점과 모든 경우의 수를 놓고 낱낱이 파헤치는 자들이다. 그렇다 보니 일부 대학의 입학사정관은 고3 활동의 평가는 아예 배제한다.

교과 연계 활동은 그것과 연관된 모든 활동에서 비롯된다. 사안에 따라 자칫 시간만 허비하게 된다. 동기와 의도, 알고, 느끼는 등 변화된 자신을 통한 세세한 기술이 중요하다.

학생들 사이에선 엇비슷한 활동이 계속해서 반복된다. 중·하위권 대학 지원자일수록 활동의 기복은 없다. 단, 지역 또는 각 학교에 따라 프로그램 자체가 빈약하거나 특성이 없을 수 있다. 반면 전략적 계획을 짜고 실천하는 학생 역시 상당수다. 이처럼 자신의 변별력으로 강점과 포인트를 두는 게 중요하다.

교과와 교과 연계 활동을 위한 구체적 준비 전략이 있다면 내신 관리가 우선이다. 대학 진학을 원한다면 너무나도 당연하다. 전 과목에서 고득점을 고루 얻는다면 좋겠지만 쉽진 않다.

무엇보다 전략적 접근이 필요하다. 예컨대 상위권 대학이나 교대를 목표로 한다면 전 과목 내신성적이 상위 등급을 유지해야 한다.

그렇지 않다면 중위권 대학을 타깃(target)으로 전략을 전면 수정해야 한다. 인문 계열이라면 국어와 영어, 사회 등에 장시간 투자해야 한다. 자연 계열 역시 수학과 과학 등에 모든 역량을 모아 2등급 이내로 진입해야 한다.

어쨌든 고교 3학년 기간 성적 분포는 많든 적든 상승곡선을 그려야 한다. 상당수 학생부 종합전형의 평가는 오프라인 검증이 아닌 온라인 평가가 대세다. 입학사정관들의 주요 관심사는 내신 성적 추이와 분포 곡선이다. 분포 곡선이 상승한다면 지원자의 호감도 역시 상승할 것이다.

일부 대학에선 내부 기준을 통해 정략적 가산점을 부여한다. 그만큼 내신의 비중은 크다. 다시 말해 내신 관리가 최우선 순위고 교과 연계 활동은 차순위다.

상위권 대학 지원자들의 내신은 대동소이하다. 따라서 내신이 합격 기준 범위에 속하지 못한다면 상대적으로 낮은 평가를 받을 수 있다. 이는 무엇보다 강조해도 지나치지 않다.

28. 교사의 정치적 중립 완화를 허용해야 한다![28]

교사의 정치적 활동을 허용하는 것과 자라나는 학생의 정치적 편향성을 조장할 수 있으므로 교사의 정치적 활동을 허용하면 안 된다는 단체 간에 갈등의 골이 더 깊어지고 있다.

해외 주요 국가인 OECD 국가들은 대부분 교사의 정치적 활동을 허용하고 있다. 그 범위도 정당 가입, 기부활동 등으로 다양하다. 특히 독일은 보이텔스바흐 합의라는 기준을 가지고 있다. 보이텔스바흐 합의는 ① 강압(교화) 금지 ② 논쟁성(실제 논쟁거리를 학교에서 다룰 것) ③ 이해관계인지(학생이 자신의 이해관계에 따라 판단하고 행동할 수 있어야 함)로 정리할 수 있다.

하지만 국내에서 교사의 정치적 중립성은 어떻게 받아들이고 있는가?

먼저 일반공무원(교사가 아닌 공무원이라고 개념정의)과 교사는 다른 잣대로 보는 듯하다. 이들은 공무원노조가 있지만 교사의 전교조(전국교직원노동조합)처럼 불온시하지는 않아 보인다. 사실 전교조와 교총(한국교원단체총연합회)은 모두

28) 2024. 8. 29. 뉴스경남 오피니언.

정치적 목적을 지닌 정치단체이다.

전교조만을 정치공학적 집단으로 보는 시각은 경계할 필요가 있다. 한편 공무원의 정치적 중립성은 과거 이승만 정권에서 자행한 선거 부정에서 공무원을 정치적으로 동원한 잘못된 역사의 반성으로 입법된 것으로 보아야 할 것이다. 이는 드라마 '삼식이'에서도 확인할 수 있다.

둘째, 교사와 교수의 규정을 다르게 적용하고 있다. 교사가 정치활동(피선거권)을 하려면 90일 전에 사퇴해야 한다. 반면에 교수는 휴직이 가능하다. 교사는 자라나는 청소년을 가르치고 교수는 성인들을 가르쳐서 그런 것인가? 이로 인해 공평하지 않다는 비판을 받는다.

그러면 교사의 정치적 중립성은 어떤 방향으로 가야 하는가?

첫째, 민주시민교육의 실질화를 위해 교사의 정치적 중립성은 완화되어야 한다. 우리나라 교육의 목적은 민주시민을 양성하는 것이다. 각자의 가치와 기준을 가지고 중요정책이나 정치인을 투표하는 주권자로서의 역할을 해야 하는 시민이 되어야 한다는 것이다. 그러려면 논쟁적인 이슈에 대해서 찬성과 반대의 입장에서 토론을 하고 자신만의 가치관을 정립하는 훈련을 학교에서 해야 할 필요가 있다. 바로 독일의 보이텔스바흐 합의활동이다.

하지만 교사의 정치적 중립성으로 인해 교사는 논쟁적 이슈에 대해서 토론하는 것을 의도적으로 꺼리게 된다. 교육학에서는 이를 아이스너의 '영 교육과정(null curriculum)'이라고 한다. 선거법 개정으로 18세 이상은 투표를 할 수 있으므로 고등학생도 엄연히 정치적 의사표시를 할 수 있다. 그러나 민주시민교육을 교사가 실질적으로 하지 못한다면 학생들이 올바른 민주시민으로서 자랄 수는 없을 것이다. 따라서 교사의 정치적 중립성을 완화하여 논쟁적 이슈에 대해서 토론할 수 있는 장의 보편화를 시키되 교사 개인의 정치적 의견은 드러내지 않는 방향으로의 타협점을 찾는 노력이 필요하다.

둘째, 교사도 교수처럼 동등한 정치적 활동을 보장하는 것이 필요해 보인다. 이는 평등성과 형평성이라는 이념에도 부합하며 정치적 기본권을 회복한다는 의미에서도 중요하다. 최소한 교사가 정치적 활동을 원할 경우 휴직이 가능하게 하는 것으로 개정이 필요하다. 탁상행정이 아닌 현장 전문가의 목소리가 반영되는 통로가 필요하다.

우리나라 교육의 목적은 민주시민을 양성하는 것이기에 민주시민교육을 제대로 해야 한다. 실상 민주시민교육이라고 하지만 이는 결국 정치교육이다. 정치학자인 데이비스 이스턴은 '정치가 가치의 권위적 배분'이라고 정의하였다. 실존주의 철학자이며 사상가인 사르트르는 인생에서 '선택'이 중요하다고 하였다. 가치 있는 선택을 하는 것, 이게 바로 정치다. 정치를 너무 불온시할 필요가 없다.

일상이 선택이고 선택이 정치라면 모든 삶이 다 정치다. 그런 정치를 배척하며 적대시한다면 어떻게 제대로 된 정치를 할 수 있단 말인가? 학교에서 정치를 배우지 않는다면 도대체 어디서 정치를 배우라는 것인가? 선택을 하는 명확한 가치 기준이 부족하기 때문에 사회에 나가면 사기를 당하는 경우가 많으며 이를 세상에서는 시쳇말로 '수업료'를 냈다고 한다. 왜 수업료를 학교에서 내지 않고 사회에서 내야 하는가?

교육에서 완벽하게 정치적 중립이 가능하다는 것은 이론상에서 존재하는 허구일 뿐이다. 18세인 고등학생의 표가 '정치적 허수아비'가 되어 찍는 의미 없는 사표가 되지 않고 나아가 국민의 정치적 성숙도를 제고하는 측면에서라도 교사의 정치적 중립은 완화될 필요가 있다.

29. 사교육 카르텔, 한국 교육 시스템의 근본적인 문제점을 드러내다![29]

최근 감사원에서 적발한 사교육 카르텔과 2023학년도 수능 영어 23번 문항 유출 사건은 단순한 시험 부정 사건을 넘어 우리나라 교육 시스템이 근본적 문제점을 드러내는 사건으로 비판받고 있다.

사교육 카르텔의 만연, 평가원의 부실한 관리, 사회적 책임의 문제 등 여러 가지 문제들이 이번 사건을 통해 구체적으로 드러났다.

첫째, 사교육 카르텔의 만연이다. 감사원 조사 결과, 유명 학원 강사 A씨는 대학교수와 현직 교원으로부터 수능 출제 정보를 사전에 입수한 뒤, 자신의 학원 강의와 사설 모의고사에 반영한 것으로 나타났다. 이는 사교육 카르텔이 여전히 우리 사회 교육 시스템 속에 깊이 뿌리내리고 있음을 보여주는 증거이다. 이러한 사교육 카르텔은 공교육의 신뢰를 저하시키고 교육 불평등을 심화시키는 악폐이다. 정부는 사교육 카르텔을 근절하기 위한 강력한 대책 마련이 필요하다.

둘째, 한국교육과정평가원의 부실한 관리이다. 한국교육과

29) 2024. 3. 21. 뉴스경남 오피니언.

정평가원은 총리실 산하 경제인문사회연구회 소속 정부출연 기관이다. 대학수학능력시험(수능) 시험의 출제 및 관리를 책임지는 기관이다. 하지만 이번 사건에서 평가원은 이의신청 215건을 무시하고 해당 사건을 심사 대상에서 제외하기로 공모하는 등 부실한 관리를 보여주었다.

이는 한국교육과정평가원의 책임감 부족과 투명성 결여를 여실히 보여주는 사건이다. 한국교육과정평가원은 시험의 신뢰성을 확보하기 위해 철저한 관리 시스템을 구축하고 투명한 운영 방식을 채택해야 한다. 아울러 이번 기회에 총리실 산하에서 교육부로 평가원을 이관하고 강력한 혁신을 검토하는 것도 필요해 보인다.

셋째, 사회적 책임의 문제이다. 이번 사건은 단순히 몇 명의 개인이 저지른 잘못으로 치부될 수 없는 문제이다. 우리 사회 전반에 만연한 교육 광풍과 사교육 의존도, 교육 시스템의 불평등 등 여러 가지 복합적 요인이 이번 사건을 발생시키는 데 영향을 미쳤다. 따라서 사회 전체가 함께 해결해야 할 문제임을 인지하고 교육 시스템 개혁을 위한 노력에 적극적으로 동참해야 한다.

아울러 교육 시스템의 강력한 혁신을 위해 구체적으로 다음의 방안을 생각해 볼 수 있다.

첫째, 수능을 현재의 원점수, 등급, 표준점수, 백분위를 통한 상대평가가 아니라 절대평가로 변환하여 패스(PASS)/페일

(FAIL) 체제로 변경을 검토하는 것이 필요하다.

둘째, 수능 문제를 매년 새롭게 출제하는 현재의 방식이 아니라 기존에 누적된(1994~2023, 약 30년) 문제를 문제은행식으로 활용하여 수정 출제하는 것으로 변경해야 한다. 매년 새로운 수능 문제 출제와 관리 등을 위해 약 200억 원이 소요되고 있다. 이런 예산을 획기적으로 절감할 수 있다.

셋째, 수능 폐지를 검토해야 한다. 미래인재 선발을 위해 중앙집권적 패러다임을 벗어나 대학 자율성을 높이는 지방분권적 패러다임으로 변경해야 한다. 지방과 대학에서 필요한 맞춤형 인재를 선발하기 위한 다양한 전형 방법을 개발하고 활용하는 데에 정부 지원을 늘리는 형태로 변경이 필요하다.

이번 감사원의 사교육 카르텔과 수능 영어 23번 유출 사건은 단순한 시험 부정 사건이 아니다. 이 사건은 우리나라 교육 시스템의 근본적인 문제점을 드러내는 중대한 사건이며 사회 전체가 함께 해결해야 할 중요한 과제이다. 정부, 교육기관, 사회 구성원 모두가 함께 노력하여 교육 시스템의 전면적 개혁을 이루어 내야만 미래인재 선발을 위한 공정하고 평등한 교육환경을 조성할 수 있을 것이다.

30. 학교폭력대책심의위원회 위원선발, 이대로 좋은가?[30)]

2020년 3월 1일부터 학교폭력예방법이 개정됨에 따라 각급 학교에 설치된 학교폭력(학폭)대책자치위원회는 폐지되고 각 교육지원청에 설치되는 학폭대책심의위원회가 해당 업무를 대신하게 되었다. 기수당 2년의 임기로 시작된 학폭대책심의위원회는 2024년 3월부터 3기가 운영됐다. 그런데 일부 교육지원청에서는 학폭대책심의위원회 위원선발이 공정하지 않다는 비판을 받고 있다.

그렇다면 학폭대책심의위원회 선발은 어떠한 문제점이 있는가?

첫째, 평가기준과 내용이 미흡하다. 서류에서 자격증과 학위, 경력을 요구하나 이에 대한 배점이 비공개된다. 면접에서 제시문을 보고 면접관과 소통 없이 일방적으로 답변하는데, 면접 평가 기준에는 의사소통역량이 있는 모순을 보인다. 채점 결과와 순위를 공개하지도 않는다.

둘째, 선발과정의 불투명성이다. 담당 장학사(임기제 포함)가 주관하여 선발하는데, 공정한 시스템 선발이라기보다는 정

30) 2024. 3. 7. 뉴스경남 오피니언.

치적 선발로 보이는 측면이 있다. 선발되는 전문가를 보면 민간 전문가보다는 해당 장학사 관련자들이 더 많은 사례를 보면 그러하다고 할 수 있다.

셋째, 담당 장학사 간 알력도 보인다. 초등과 중등 일반 장학사, 임기제 장학사 간 알력이 있어 보인다. 본인에게 유리하고 필요한 사람을 더 선발하는 경향성을 보인다. 선발인원은 그 숫자가 정해져 있기에 더 그러하다.

그렇다면 학폭대책심의위원회 선발은 어떻게 해야 하는가?

첫째, 평가 기준과 내용을 공개하고 시스템 선발을 해야 한다. 서류와 면접평가에서의 배점을 사전에 투명하게 공개하고 거기에 맞는 선발을 해야 한다. 문제의 변별력을 더 높이고 채점 결과와 순위를 단계별로 공개할 필요성도 제기된다.

둘째, 정치적 선발이 아닌 공정한 선발이어야 한다. 이를 위해 담당 장학사들을 선발에서 배제해야 한다. 또한 교원 선발에서 현직 교장은 제외해야 한다. 현직 교장은 해당 장학사들에게 승진 도움 등의 불필요한 오해를 살 수 있다.

더불어 학교를 통할해야 할 교장이 자주 출장 내고 수당도 챙기며 학폭대책심의위원회에 오는 게, 바쁘지 않고 학교에 없어도 되는 존재처럼 보여 모양새도 좋아 보이지 않는다. 또 학폭 업무 관련성이 부족한 퇴직 교원을 인맥으로 활용하고자 전문가로 둔갑시켜 선발해서도 안 된다.

셋째, 학부모 1/3 이상 선발을 의무화한 학교폭력예방법 13조 규정은 개정되어야 한다. 이 조항은 강행규정이 아닌 선택 규정으로 개정해야 한다. 다수 언론에서 학부모는 전문성이 부족하다고 지적하지만 이 강행 규정 때문에 오히려 역량 있는 전문가가 떨어지고 있다.

넷째, 전문가 위원 선발 범위를 실제 참석률이 높은 자로 좁혀야 한다. 전문가 중 판사, 검사, 변호사, 의사를 선호하여 무조건 선발하지만 이들은 가성비가 미흡한 수당(10만 원 내외) 때문에 참석률이 높지 않다. 오히려 사명감이 높은 청소년 경력자들을 더 선발해야 한다.

공공기관에서 셀프 선발과 개혁은 성공하기가 쉽지 않다. 예컨대 국정원과 검찰, 최근의 민주당이 그러하다. 최근 여론조사를 보면 민주당 지지율이 떨어지고 총선에서의 실패 가능성이 높아지고 있다. 이는 공정하지 않은 공천 때문으로 보인다. 겉으로는 시스템 공천이라고 하지만 대다수는 민주당의 공천을 시스템 공천으로 생각하지 않는다. 이것이 지지율로 반영되고 있다. 본인과 관련 있는 사람들의 선발은 결국 공정성에서 의심을 받을 수밖에 없다.

지금의 학폭대책심의위원 선발 방식은 교육지원청 소속의 학폭대책심의위원회 위원이 아닌 담당 장학사들에게 속한 학교폭력대책심의위원회 위원으로만 구성된 정치적 선발 가능성이 높아 보인다.

이는 추후에 부메랑이 되어 ‘그들만의 리그’라는 비판으로 다가올 수 있어 각별한 주의가 요구된다.

31. 의대 정원 확대, 이번에는 반드시 관철해야 한다![31)]

최근 정부는 2025학년도 대입 의대 정원을 2,000명 확대하여 5,058명으로 하기로 발표했다. 이러한 정부의 의대 정원 확대방침에 반발해 소위 '빅5 병원(서울대·세브란스·삼성서울·서울아산·서울성모병원)' 전공의들이 사직서를 제출하고 근무를 중단하기로 했다. 전국 40개 의대생들도 휴학계를 냈다. 주요병원 중 서울대병원과 서울성모병원은 폐암, 뇌출혈 등 일부 수술을 연기한다고 했고 온라인 커뮤니티에는 말기 폐암 수술 연기 통보를 받았다는 환자 가족의 글까지 올라왔다. '의료 공백'은 이제 피할 수 없게 되었다.

의사들은 의대 정원 증원에 왜 반발할까? 표면적 이유는 정부의 일방적 의대 정원증원 발표, 필수 의료문제 미해결을 들고 있다. 하지만 실상은 다르다. 정부는 의사단체와 28번이나 대화를 했고 필수 의료 패키지 정책도 제시했지만 정작 의사들은 이런 것에는 눈을 감는다. 의사들의 속마음은 그들의 SNS에 여지없이 드러난다. "밥그릇을 위해 사직했다", "똥개도 밥그릇을 지키는데 의사가 밥그릇을 지키지 못하면 개만도

31) 2024. 2. 22. 뉴스경남 오피니언.

못하다" 등을 보면 결국 그들만의 '밥그릇'을 지키기 위해 반발하는 것으로 보인다.

통계에 의하면 의사들은 1년에 평균 3억 4,200만 원(2021년 기준)을 벌고 있다. 사회에서 상위 1%에 속하는 의사들이 수입 유지를 위해 환자 생명을 담보로 집단행동에 나서겠다는 것이다. 노조도 아닌 의사들의 집단행동은 흔히 현대자동차 노조를 귀족노조라고 비난하는 것과 크게 다를 바 없어 보인다. 전 의협 회장이 "정부는 의사를 이길 수 없다"고 한 것은 2020년 성공 경험을 토대로 한 오만의 극치다.

의대 정원 확대에 대한 최근 여론조사 결과를 보면, 증원 확대 찬성이 76%가 넘는다. 국민 10명 중 8명이 찬성한다는 얘기이다. 국민들은 의대 정원 확대를 왜 찬성할까? 첫째, 사회적 불신의 누적이다. '응급실 뺑뺑이', '소아과 오픈런'은 누구나 경험할 수 있고 실제 경험해 본 사람들이 적지 않다.

둘째, 특권층의 집단이기주의(카르텔)에 대한 혐오이다. 의사들이 그들이 누리는 기득권에 비해 상대적으로 책임은 덜지기 때문이다. 수술 대리 의혹, 수술실 CCTV 설치 반대, 의료 사고 시 경징계 등의 사례도 영향을 준 것으로 보인다.

셋째, 개인적 불만의 누적이다. 일부이겠지만 모니터만 보고 환자와 눈도 안 마주치며 뭘 물어보면 귀찮아하는 티가 역력하고 불친절하며 권위적이기까지 한 의사에게 소비자로서 느끼는 불만이 쌓여 있을 수 있다. 또 서울의 종합병원까지 힘들게 갔는데 실제 면담 시간은 1분 남짓에 불과한 점도 영향을 줬을 수도 있다.

어쩌면 이러한 원인은 의대를 누가 가는지를 보면 조금 알 수 있을지 모른다. 첫째, 고교에서 최상위권 우등생이 가고 있다. 통계를 보면 적성은 상관없어 보이고 인성은 확인이 어렵다.

둘째, 집안의 대물림으로 의사가 되는 경우도 많다. 소위 '의사 패밀리'이다. 수시 면접에서 지원동기 단골 멘트이기도 하다.

셋째, 마르샤의 '정체성 유실'로 말할 수 있다. 미국 심리학자인 마르샤는 청소년기 진로 결정에서 스스로 탐구·고민하지 않고 타인의 결정을 그대로 수용하는 것을 '정체성 유실'로 설명하고 있다. 실제로 부모가 자녀의 의사 진로를 결정하는 것을 많이 목격한다. 드라마 '스카이캐슬'에서도 확인할 수 있다.

의사 파업 몽니에 국민들도 이젠 한계에 다다른 듯하다. 일부는 감기, 진통제 같은 단순 처방은 의사가 아닌 무인 발급기로 대체하자는 의견도 있다. 정부는 정책 로드맵을 일관성 있게 추진하되 의사단체와 대화를 통해 타협점을 찾는 노력을 계속해야 한다.

더불어 의대 증원만 매달릴 것이 아니라 인공지능을 활용한 의사 대체 제도 검토도 필요해 보인다. 정말 우리에게 필요한 건 머리 좋고 밥그릇만 중요한 의사가 아니라 친절하고 소비자가 중심인 의사가 필요하다.

'의사는 결단코 국민을 이길 수 없다.'

32. 글로컬대학30 사업, 이대로 좋은가![32]

글로컬대학30은 윤석열 정부가 2026년까지 비수도권의 지방대학 30곳을 '글로컬(Glocal) 대학'으로 지원하는 정책사업이다. 2023년과 2024년에는 각각 10개교, 2025년과 2026년에 각각 5개교를 선정해 총 30개교가 선정된다. 글로컬대학으로 선정된 대학은 5년간 약 1,000억 원 정도를 지원받는다.

2023년에는 신청자격이 있는 대학 166개교 중 108개교(65.1%)가 신청하였다. 국립대는 31곳 중 25곳(80.6%), 사립대는 66곳 중 64곳(96.9%)이 신청서를 냈다. 사립전문대는 63곳 중 18곳(28.6%)이 신청했다. 최종적으로 10개 대학이 선정되었는데, 이 중 국립대가 7곳, 사립대가 3곳이다.

하지만 2023년에 10개교가 선정된 것을 보면 글로컬대학30은 다음과 같은 문제점이 보인다.

첫째, 국립대 위주 선발이었다. 국립대는 신청한 25곳 중에 7곳(28.0%)이 되었다. 사립대는 전문대를 포함하면 신청한 총 82곳 중에 고작 3곳(3.7%)이 되었다. 일반 사립대로 좁힌다 하더라도 64곳 중에 3곳이니 채 5%가 안 된다(4.7%). 이는

32) 2024. 1. 25. 뉴스경남 오피니언.

명백히 국립대를 위한 선발이었다고 해도 과언이 아니다.

둘째, 지역 안배에서 정치적인 힘이 작용한 것으로 의심받을 수 있는 상황이 전개되었다. 관동권(강원)과 경북이 각각 2곳, 호서권 1개, 호남권 2개, 동남권 3개가 선정되었는데, 문제는 관동권(강원) 신청대학은 5곳에 불과했다는 것이다. 5곳 중에 무려 2곳이 되어 무려 40.0%의 선정률을 보였다. 반면에 동남권은 42곳이 신청해서 단 3곳만 되어 선정률은 7.1%에 불과했다. "오얏나무 밑에서 갓끈을 고쳐 쓰지 말라"는 격언이 있다.

셋째, 혁신이 아니라 통합이 주요 선정 기준으로 보였다. 선정대학의 공통적인 혁신으로 사업의 확산성, 과감한 벽(전공, 교육과정 등) 허물기, 지역발전과의 연계 강화, 지자체의 적극적 협력, 글로벌 역량 등을 들고 있지만 신청한 대부분의 대학이 이러한 사실을 보고서에 적시하지 않았다고 보긴 어렵다.

선정대학 중 특히 국립대는 위의 혁신 내용이 물론 포함되어 있겠지만 대학 간 통합이 주요 요인이라는 것을 부인하긴 쉽지 않다. 국립대는 굳이 이런 막대한 사업비를 주지 않아도 학령인구 감소로 인해 통합 가능성은 높았다.

따라서 차후 글로컬대학30은 다음과 같은 재검토가 필요해 보인다.

첫째, 국립대와 사립대 분리가 필요하다. 국립대는 어차피 현재도 국가에서 인건비, 사업비 등을 다 지원받고 있다. 사립대는 등록금이 가장 큰 수입이다. 이마저도 수년간 동결로 어려움을 겪고 있다. 상황이 다른데 같은 잣대로 평가하는 게 과연 맞는 것인가?

둘째, 정치가 아니라 상생과 호혜성이 주요 기준이 되었으면 한다. 얼마 전 발표한 개혁신당의 교육 공약을 보면, 지방거점국립대 위주 정책이다. 지방거점사립대나 동네거점사립대는 없는 건가? 사립대가 고사되면 그 지역도 고사된다는 걸 명심할 필요가 있다.

셋째, 굳이 30개라고 선정대학 숫자를 정해놓은 상대평가가 아닌 일정 기준의 혁신 기준을 달성하면 다소 금액을 줄이더라도 절대평가로의 전환이 필요해 보인다. 대학이 정말로 혁신 의지가 있고 그러한 구체성이 지역의 열정과 함께 뒷받침이 된다면 지원해 주어야 한다고 본다.

최근 뉴스를 보면 2023년에 글로컬대학30으로 선정되었다 하더라도 입시에선 어려움을 겪고 있다고 한다. 사업 선정과 입시는 별개일 수 있다는 것을 증명한다. 2024년 1월 19일부터 2024년 글로컬대학 지정계획(시안)에 대한 공청회가 열렸다. 이 공청회가 단순히 대학 숫자를 줄인다는 단기적인 관점이 아니라 지역의 미래 생존을 위한 장기적인 관점에서 현명하고 공정한 논의가 되길 기대해 본다.

II

'복지' 편

1. 저출생 시대, 이주 아동이 만들어갈 대한민국의 미래[33)]

최근 국제아동권리 비정부기구(NGO) 세이브더칠드런은 미등록 이주 아동을 위한 '한시적 체류자격 제도'의 상시화를 요구하고 있다. 미등록 이주 아동의 권리 보장을 위해 정부는 실질적이고 구체적인 체류자격 부여 심사 기준을 마련해야 한다. 아동의 최선의 이익을 고려한 제도를 조속히 마련하는 것은 국가의 당연한 책무다.

미등록 이주 아동은 부모의 체류자격 상실, 난민 신청 실패 등 다양한 이유로 법적 체류 자격을 갖지 못한 채 한국에 거주하고 있다. 이들 중 상당수는 한국에서 태어나거나 어린 시절부터 성장했음에도 불구하고 법적 신분을 보장받지 못하고 있다. 이러한 상황은 아동의 학습권과 기본 권리를 심각하게 침해하고 있으며, 이는 국제사회에서 보편적으로 인정되는 아동 권리에 반하는 일이다. 특히 학령기에 해당하는 아동들이 법적 지위의 불안정성으로 인해 정규 교육과정에 접근하지 못하는 경우, 이들의 미래는 심각하게 제한될 수밖에 없다.

1991년 한국이 비준한 '유엔아동권리협약'은 모든 아동이

33) 2025. 3. 13. 뉴스경남 오피니언.

국적이나 체류자격과 관계없이 교육받을 권리를 보장하고 있다. 이는 아동의 기본적인 인권으로서 보편적이며 비차별적이어야 한다는 점을 명시하고 있다. 국가는 이러한 국제적 기준을 준수해야 하며, 모든 아동이 동등하게 교육과 보호를 받을 수 있도록 해야 한다. 그러나 현재의 법 제도는 아동의 권리보다는 부모의 체류자격에 종속된 방식으로 운영되고 있어, 아동의 기본적인 권리가 충분히 보장되지 못하고 있다.

한시적 체류자격 제도는 국내 출생 아동, 영유아(6세 미만) 입국 아동, 6년 이상 국내 체류 아동, 국내 초·중·고교 재학생, 고교 졸업자 등을 대상으로 부모와 함께 체류를 허용하고 있다. 제도 시행 이후 일부 아동이 체류 자격을 부여받았지만 여전히 많은 아동들이 제도의 적용 대상에서 제외되고 있다. 또한 한시적이라는 제도의 특성상 아동과 부모는 지속적인 불안정성을 겪고 있으며 이는 아동의 심리적 안정과 사회적 통합에도 부정적인 영향을 미치고 있다.

한국 사회는 현재 저출생과 초고령화로 인해 인구구조의 급격한 변화를 겪고 있다. 이러한 상황에서 이주 아동의 국내 정착은 단순한 인권 보호 차원을 넘어, 지속 가능한 사회 발전과 미래 노동력 확보를 위한 중요한 과제가 된다. 이주 아동이 안정적인 법적 지위를 부여받고 교육과 보호를 받을 수 있다면, 이들은 미래 사회의 중요한 구성원으로 성장할 수 있다. 따라서 이주 아동의 체류자격 보장은 우리 사회의 지속 가능성을 높이고 다문화 사회로의 전환을 준비하는 필수적인 정책 방향이라고 할 수 있다.

이주 아동의 체류자격 문제는 단순히 법적 지위에 국한된 문제가 아니다. 아동의 삶 전반에 걸쳐 영향을 미치는 근본적인 인권 문제이며 우리 사회의 포용성과 인권 감수성을 측정하는 중요한 기준이 된다. 따라서 정부는 한시적 체류자격 제도를 상시화하고 명확한 심사 기준을 마련함으로써 아동의 권리를 실질적으로 보장해야 한다. 또한 체류자격 부여 과정에서 아동의 최선의 이익을 최우선적으로 고려하는 제도적 장치를 마련해야 한다.

미등록 이주 아동의 권리를 보호하는 것은 법적 체류자격을 부여하는 단순한 차원을 넘어, 우리 사회가 추구해야 할 보편적 인권과 사회적 정의의 가치를 실현하는 일이다. 모든 아동이 차별 없이 교육받고 안전하게 성장할 수 있는 사회를 만들기 위해 정부와 사회의 적극적인 노력이 필요하다. 한시적 체류자격 제도는 지난 2021년 4월부터 시행돼 2025년 3월 31일에 만료되었다. 따라서 더 이상 이주 아동의 존재를 외면하지 말고 그들이 우리 사회의 정당한 일원으로서 존중받고 보호받을 수 있도록 정책적 개선이 시급히 이루어져야 한다.

2. 청년 신규채용의 부재: 대기업과 공기업의 경력직 중심 채용 현실을 비판한다![34]

최근 몇 년간 대기업과 공기업의 채용 트렌드를 보면 경력직 채용이 압도적으로 증가하면서 청년들의 취업 문턱이 더 높아지고 있다. 이는 단순히 채용 트렌드의 변화를 넘어, 우리 사회의 고용 시스템에 대한 근본적인 재검토가 필요함을 시사한다. 대기업과 공기업이 경력직만을 선호하는 현실은 청년들에게는 절망적인 상황을, 사회 전체로는 인재의 고갈과 경제적 활력 상실을 초래할 수 있다.

경력직 위주의 채용이 확대되는 이유는 다음과 같다. 첫째, 기업 입장에서는 교육과 훈련에 드는 시간과 비용을 절감할 수 있다. 둘째, 즉각적인 성과를 기대할 수 있는 인재를 선호하는 조직 문화가 자리 잡고 있다. 셋째, 공기업의 경우에도 경영 효율성을 이유로 경력직 채용을 확대하는 추세다. 그러나 이러한 채용 방식은 청년층의 기회를 박탈하고 사회 전반에 걸쳐 새로운 인재가 성장할 수 있는 토양을 사라지게 한다. 특히, 대기업과 공기업은 청년들에게 꿈의 직장으로 여겨지는 만큼, 이들의 채용 정책 변화는 청년들에게 큰 좌절감을 안겨준다.

---

34) 2025. 7. 17. 뉴스경남 오피니언.

경력직 중심의 채용은 조직 내 다양성을 저해하는 결과를 초래할 수 있다. 다양한 배경과 시각을 가진 인재들이 조직에 새롭고 창의적인 아이디어를 불어넣을 수 있음에도 동일한 경험과 경력을 가진 인재만 채용된다면 혁신은 정체될 수밖에 없다. 이는 기업의 장기적인 경쟁력 약화로 이어질 수 있다. 신규 채용이 줄어들면서 청년들은 스펙 쌓기에 몰두하게 된다. 다양한 자격증, 인턴십, 해외 경험 등이 필수가 되고 이는 청년들에게 심리적, 경제적 부담을 가중시킨다. 결국 이러한 경쟁은 청년층의 삶의 질 저하와 더불어 사회 전반의 불평등 심화를 초래한다.

이러한 문제를 해결하기 위해서는 대기업과 공기업의 채용 정책에 대한 근본적인 재검토가 필요하다.

첫째, 대기업은 단기적인 성과만을 추구하는 경력직 중심의 채용에서 벗어나 장기적인 관점에서 신입사원을 채용·육성할 수 있는 시스템을 마련해야 한다. 이를 위해 신입사원에 대한 체계적인 교육 프로그램을 도입하고 이들이 기업 내에서 성장할 수 있는 기회를 제공해야 한다. 또한 신입사원의 잠재력을 평가할 수 있는 새로운 채용 기준을 마련하여 경험보다는 역량과 열정을 중시하는 채용 문화를 조성해야 한다.

둘째, 공기업은 사회적 책임을 다하기 위해 청년들에게 더 많은 기회를 제공해야 한다. 이를 위해 공기업은 신입사원 채용 비율을 높이고 청년들이 공기업에 진출할 수 있는 다양한 경로를 마련해야 한다. 또한 공기업 내에서도 신입사원에 대한 체계적인 교육과 멘토링 시스템을 도입하여 이들이 빠르게 적응하고 성장할 수 있는 환경을 조성해야 한다.

셋째, 정부는 대기업과 공기업의 채용 정책에 대한 감독과 규제를 강화해야 한다. 정부는 대기업과 공기업에 청년 신입 사원 채용을 촉진하기 위한 인센티브를 제공하고 이를 이행하지 않을 경우 제재를 가할 수 있는 법적 근거를 마련해야 한다. 또한 청년들의 역량을 키울 수 있는 다양한 교육과 훈련 프로그램을 지원하여 이들이 취업 시장에서 경쟁력을 갖출 수 있도록 도와야 한다.

마지막으로 사회 전체의 인식 전환이 필요하다. 대기업과 공기업의 경력직 중심 채용은 단순히 기업의 이익만을 추구하는 결과로, 사회 전체의 지속 가능성을 위협할 수 있다. 대기업과 공기업, 정부, 사회 모두가 함께 노력하여 청년들이 꿈을 펼칠 수 있는 환경을 조성해야 한다. 이는 단순히 청년들의 문제를 해결하는 것을 넘어, 우리 사회의 지속 가능한 미래를 위한 중요한 첫걸음이 될 것이다.

3. 간병인 제도의 체계화가 시급하다![35]

최근 경기일보에 게재된 두 편의 사설, “중국인 간병인 현장 마찰 만연, 정부는 대책 내라”(2025년 1월 17일자)와 “중국 간병인들에 성폭행·폭행당하는 한국 환자들”(2025년 2월 10일자)은 국내 간병인 제도의 심각한 문제점을 여실히 드러내고 있다. 이러한 사례는 단순한 개인의 일탈을 넘어 구조적인 문제를 반영하고 있으며 간병인 제도의 체계화 필요성을 강력히 시사한다.

현재 국내 간병 서비스는 제도적 공백 속에서 운영되고 있다. 간병인 대부분이 개인 간 계약으로 고용되며 관리와 감독이 제대로 이루어지지 않는 게 현실이다. 특히 외국인 간병인의 경우, 언어 장벽과 문화적 차이로 인해 환자와의 의사소통 문제가 빈번하며 이로 인한 오해와 갈등이 쉽게 발생한다. 최근 발생한 사건들은 신체적 안전까지 위협받는 상황으로까지 치닫고 있다. 이는 단순한 사고가 아닌, 제도의 부재가 만들어낸 구조적 허점임을 방증한다.

간병 서비스는 단순한 돌봄을 넘어 환자의 신체적, 정서적

35) 2025. 7. 3. 뉴스경남 오피니언.

안전을 보장하는 중요한 영역이다.

따라서 국가 차원의 체계적인 관리가 필수적이다.

이를 위해 첫째, 요양보호사 자격의 세분화를 통해 간병인 제도의 체계화를 추진해야 한다. 현재 요양보호사 자격은 포괄적인 범위로 설정되어 있어 간병인의 역할과 책임이 명확하지 않은 경우가 많다. 이를 개선하기 위해 환자의 상태와 요구에 따라 전문 간병, 일상 지원, 인지 돌봄 등으로 자격을 세분화하고 각 분야별로 전문 교육과 인증 과정을 강화해야 한다. 특히 치매, 중증 환자, 재활 환자 등 특수한 간병이 필요한 경우에는 추가 자격을 부여하여 전문성을 확보할 필요가 있다.

둘째, 외국인 간병인에 대한 관리도 강화해야 한다. 체계적인 교육 프로그램을 통해 언어와 문화 교육을 병행하고 정기적인 평가를 통해 서비스 질을 유지할 필요가 있다. 더불어, 간병인에 대한 범죄 경력 조회 및 인성 검증 절차를 의무화함으로써 환자의 신체적, 심리적 안전을 확보해야 한다. 외국인 간병인의 경우, 현지 적응 프로그램을 통해 한국의 의료 시스템과 간병 윤리에 대한 이해를 높이는 것도 중요하다.

셋째, 정부는 간병 서비스에 대한 국가 인증 기관을 설립하거나 기존의 관련 기관을 활용하여 관리 체계를 일원화할 필요가 있다. 이를 통해 간병 서비스의 질을 지속적으로 모니터링하고, 문제 발생 시 신속하게 대응할 수 있는 시스템을 구축할 수 있다. 또한, 간병인의 노동권 보호와 환자의 권익 보호를 균형 있게 고려한 법적 제도 마련이 시급하다.

마지막으로 간병인 업체에 대한 정부의 감독도 강화해야 한다. 간병인 업체는 단순히 인력을 공급하는 역할을 넘어, 간병인의 교육과 관리, 문제 발생 시 책임을 지는 역할을 해야 한다. 이를 위해 업체에 대한 정기적인 평가와 감독을 실시하고 문제가 발생할 경우 강력한 제재를 가할 수 있는 법적 근거를 마련해야 한다.

간병은 누구나 언젠가는 필요로 하게 되는 보편적인 서비스이다. 따라서 개인의 문제로 치부하기보다 사회적 안전망의 중요한 축으로 인식해야 한다. 특히 고령화 사회로 접어든 현재, 간병 서비스의 수요는 지속적으로 증가할 것으로 예상된다. 최근의 사건들은 간병인 제도의 체계화가 단순한 개선책이 아닌, 더 이상 미룰 수 없는 필수 과제임을 보여주고 있다. 이제는 정부와 사회가 함께 나서서 안전하고 신뢰할 수 있는 간병 환경을 조성해야 할 때다. 이를 통해 국민 모두가 안심하고 간병 서비스를 이용할 수 있는 사회적 기반을 마련해야 한다.

4. 우리는 '정상 가족'의 프레임을 깰 수 있을까?36)

영화배우 정우성 씨의 친자 논란은 우리나라 사회에서 가족의 전통적인 관념을 다시 한번 돌아보게 만드는 계기가 되었다. 이 사건을 통해 우리는 가족의 정의가 단순히 혈연적, 법적 관계를 넘어서 상호 이해와 배려를 바탕으로 형성되는 관계임을 인식해야 할 필요성을 느끼고 있다. 특히, 고령화 사회와 미혼, 동거 등의 다양한 가족 형태가 등장하면서 이를 인정하고 보호할 수 있는 법적 제도의 변화가 요구되고 있다.

화제가 되었던 JTBC 드라마 '조립식 가족'과 영화 '가족의 탄생'은 가족의 개념을 재정의하는 중요한 작품들이다. 조립식 가족은 다양한 이유로 모인 사람들이 서로를 가족처럼 받아들이고 함께 살아가는 과정을 그린다. 이 드라마는 혈연적 관계가 아니라 상호 이해와 책임을 통해 형성되는 가족 관계의 중요성을 보여준다. 가족의 탄생 역시 혈연과 관계없이 서로를 가족처럼 여기는 사람들의 이야기를 통해 가족이 단지 법적·생물학적 관계로 정의되는 것이 아니라는 점을 시사한다.

한편, 고령화 사회에서 외로움은 많은 노인들에게 심각한

---

36) 2024. 12. 5. 뉴스경남 오피니언.

문제로 다가오고 있다. 자녀와의 관계가 단절되거나 사회적 고립을 느끼는 노인들은 심리적, 신체적 건강에 큰 영향을 미친다. 이 문제에 대한 해결책으로 '대안 가족'이라는 개념이 떠오르고 있다. 대안 가족은 혈연적 관계가 아닌 정서적 유대와 책임감을 바탕으로 형성되는 가족 관계로 외로움을 느끼는 노인들에게 중요한 역할을 할 수 있다. 밥을 같이 먹는 '식구' 개념으로 시작해서 공동체로 나아간다. 이는 이웃, 친구, 사회적 관계망을 통해 형성된 새로운 형태의 가족을 의미하며 노인들이 혼자 남지 않도록 도와주는 중요한 사회적 장치가 될 수 있다.

일부 언론에서는 정우성의 아들을 '혼외자'라 표현하면서 논란이 일었다. 법적으로는 '혼외자'라는 표현이 맞지만 실상은 부정적인 의미를 내포하고 있어 미혼 중이나 이혼 후 출생한 자녀들에 대한 사회적 낙인을 강화할 수 있다는 우려가 제기되었다. 이는 전통적인 가족 개념에 의존한 표현 방식으로써 다양한 가족 형태를 인정하고 존중하는 데 장애물이 될 수 있다. 이에 여성가족부 차관은 '혼외자' 대신 그냥 '아들'이라고 부르자고 했다. 필자 역시 '혼외자'라는 표현 대신 보다 중립적이고 긍정적인 명칭으로 바꾸어야 한다고 생각한다. 법적으로나 뜻으로는 문제가 없지만 부정적인 뉘앙스가 강한 비슷한 용어는 다문화, 환향녀 같은 것이 있다. 원래 용어는 부정적이지 않지만 언어라는 것은 그 당시 사회적 상황과 이미지를 포함하기에 그렇다.

국민의힘 나경원 국회의원은 프랑스식 '등록동거혼(PACS)' 제도의 도입을 검토하자고 한다. 프랑스에서는 동거 관계를 법적으로 인정하고 이를 통해 동거인들이 법적·경제적 권리를 보호받을 수 있도록 하고 있다. 이러한 제도는 미혼 또는 동거를 통해 가족을 형성하는 사람들이 법적 보호를 받을 수 있도록 하여 가족 구성의 다양성을 인정하는 중요한 방안이 될 수 있다. 한국에서도 이와 같은 제도가 도입된다면 동거인들 간의 권리와 의무가 명확히 규정되어 법적 보호를 받을 수 있는 기반이 마련될 것이다.

이번 정우성 씨의 친자 논란을 비롯한 최근의 사회적 이슈들은 저출생과 고령화로 대변되는 우리 사회에서 가족의 개념과 구성에 대해 깊이 고민하게 만든다. 사회적 변화와 더불어 법적·제도적 변화가 같이 이루어지면 다양한 가족 구성이 존중받을 수 있는 지속 가능한 사회로 나아갈 수 있을 것이다.

우리는 이제 '가족'이라는 개념을 확장하고 다양한 가족 모델이 서로를 돌보고 책임지는 관계로서 존재할 수 있도록 하는 미래의 길을 열어야 한다. 이를 위해선 기존에 갖고 있던 '정상 가족'의 프레임을 과감히 깨야만 가능하다.

5. 주 4.5일제, 효율과 혁신의 시험대

주 4.5일제 논의가 우리나라에서도 본격적으로 제기되고 있다. 금요일 오후를 휴무로 지정하자는 제안은 단순한 '휴식 확대'로 비칠 수 있지만, 그 속에는 일과 삶을 재구성하려는 사회적 요구가 담겨 있다. 이는 단순한 근로 시간 단축을 넘어 노동의 질과 기업의 생산성, 우리 사회의 시간 활용 방식을 근본적으로 다시 묻는 제도적 실험이다.

해외의 경험은 시사하는 바가 크다. 유럽과 북미에서는 근무 일수를 줄였음에도 불구하고 성과가 유지되거나 오히려 높아진 사례가 적지 않다. 불필요한 회의와 보고 절차를 줄이고, 자율성과 몰입을 중시하는 문화로 전환했기 때문이다. 즉, 근로 시간 감축 자체가 성과를 담보하는 것이 아니라 조직 운영 방식과 일하는 문화 혁신이 병행될 때 효과가 발휘되는 것이다.

문제는 우리나라의 현주소다. 여전히 OECD 평균보다 긴 노동시간을 기록하면서도 생산성은 낮은 수준에 머물고 있다. 눈치 야근, 대기성 업무, 형식적 보고가 일상화되어 있고, 일부 현장에서는 '월급 루팡식'의 초과근무 부정도 만연하다. 이런 문화가 바뀌지 않는다면, 근로 시간 단축은 오히려 성과 저하와 사회적 불신을 심화시킬 위험이 크다. 주 4.5일제는 근무 일수를 줄이는 정책이 아니라 오래된 관행을 걷어내고 성실성과 투명성을 회복하는 쇄신의 기회가 되어야 한다.

과거 주 5일제 전환 때도 비슷한 우려가 제기됐다. 기업 경쟁력이 무너지고 고용이 줄어들 것이라는 전망이 많았지만 실제로는 주말 소비가 확대되면서 서비스업과 여가 산업이 크게 성장했다. 이번에도 마찬가지다. 주 4.5일제가 시행되면 주말이 '2.5일'로 늘어나 쇼핑, 외식, 여행, 문화, 건강 관리, 평생교육, 복지 등 다양한 영역에서 수요가 증가할 것이다. 이는 자영업자와 소상공인, 교육기관, 복지 기관 등에게는 새로운 활력이 될 수 있다.

또 하나의 과제는 공공기관 행정 서비스의 공백 우려다. 하지만 이는 위기가 아니라 기회이다. 주민등록초(등)본 발급과 같은 단순 반복 업무는 인공지능(AI)과 자동화 시스템으로 전환할 수 있다. 그렇게 절감된 인력은 복지 상담, 맞춤형 행정 서비스, 세심한 대민 지원 등 더 높은 가치를 창출하는 분야에 재배치할 수 있다. 행정의 디지털 전환을 촉진하고, 국민이 체감할 수 있는 서비스 품질을 높이는 계기가 되어야 한다.

주 4.5일제의 핵심은 시간을 줄이는 것이 아니라 시간을 새롭게 조직하는 데 있다. 기업은 낡은 절차를 과감히 정리하고 성과 중심 문화를 정착시켜야 하며, 정부는 제도 도입 과정에서 중소기업이 뒤처지지 않도록 재정적·제도적 지원을 아끼지 않아야 한다. 공공 부문은 자동화와 인공지능을 적극 활

용해 행정 효율을 높이고, 국민이 직접적인 혜택을 체감할 수 있는 방향으로 인력구조를 재설계해야 한다.

결국 주 4.5일제는 단순한 근로 시간 단축이 아니라 우리 사회의 근로 문화를 재정립하는 사회적 시험대다. 비효율과 관행, 월급 루팡식 부정을 걷어내고, 성과와 창의성을 중시하는 새로운 질서를 세우는 것이 중요하다. 그렇게 될 때 주 4.5일제는 보여주기식 구호가 아니라 삶의 질과 경제 활력을 동시에 높이는 지속 가능한 제도로 자리 잡을 수 있을 것이다. 지금은 근로 시간을 다시 설계하는 것을 넘어, 우리나라 노동시장과 행정 전반을 근본적으로 혁신할 시점이다.

6. 모두가 누릴 수 있는 합리적 빵값을 위해

최근 한 유명 경제 유튜버가 실험적으로 운영한 서울 성동구 'ETF(팝업스토어, 임시 매장) 베이커리'에서 990원 소금빵이 판매되며 큰 관심을 모았다. 하지만 이는 일시적 이벤트일 뿐, 우리나라의 빵값은 여전히 세계적으로 높은 수준이다. 2024년 기준 미국의 일반 흰빵 한 덩어리는 약 1.85달러(약 2,600원), 프랑스 바게트는 1.2유로(약 1,800원), 영국 800g 흰빵은 1.29파운드(약 2,000원), 일본 500g 흰빵은 약 227엔(약 2,000원)으로 한국 평균 3,000원대와 비교하면 훨씬 낮다. 단순한 환율 차이만으로는 설명되지 않는 격차다.

이처럼 우리나라 빵값이 높은 이유는 원재료, 유통, 시장 구조가 맞물려 나타난 구조적 문제 때문이다. 밀, 버터, 크림 등 핵심 원재료 대부분을 수입에 의존하며 환율 변동과 관세, 물류비가 가격에 직접 반영된다. 특히 가공용 원유와 버터는 국제 시세 변동에 민감해 소비자 가격에 바로 영향을 준다. 여기에 대형 프랜차이즈와 편의점 중심 유통 구조가 더해져 중간 마진과 로열티, 점포 수수료가 소비자 부담을 높인다. 국내 제과 시장은 소수 대기업이 주도하여 가격 경쟁이 제한

적이고, 동네 빵집은 안정적으로 운영되기 어려운 현실이다.

해법은 크게 세 가지다. 첫째, 원유·유지방 가격 체계를 지방과 단백 기준으로 세분화하고, 버터와 크림은 수급 불안 시 관세·쿼터를 탄력적으로 운용해 가격 급등을 완화해야 한다. 단순 가격 동결만으로는 근본적 해결이 어렵다.

둘째, 대형 본사와 편의점 유통 과정에서 원재료비, 물류비, 로열티, 점포 수수료를 단계별로 공개하고, 국제 곡물·유제품 가격 하락분이 일정 비율 이상이면 판매가격에 자동 반영하도록 제도화해야 한다. 이를 통해 가격 경직성을 줄이고, 소비자가 합리적 가격을 체감할 수 있는 신뢰 구조를 만들 수 있다.

셋째, 대안적 유통망을 키워야 한다. 일본 '테이케이(Teikei)'처럼 생산자와 소비자가 가격과 거래 조건을 공동 설계하고 생활권 단위 공동물류를 결합하면 중간 비용을 줄이고 동네 빵집의 안정적 운영을 지원할 수 있다. 우리나라에도 농협, 지역 사회적 협동조합, 마을기업 등 협동조합이 존재하지만 빵 원재료 공동 구매와 가격 설계, 공동 유통까지 연결되는 모델은 충분히 활성화되지 않았다. 이를 제도화하고 지역 단위로 확장하면 소상공인은 원재료 부담을 줄이고 경쟁력을 확보하며, 소비자는 합리적 가격 혜택을 누릴 수 있다. 나아가 청년 창업과 지역 경제 활성화에도 긍정적 효과를 가져올 수 있다. 동시에 원재료 수급 안정과 가격 변동 완화라는 사회적 효익도 달성할 수 있다.

결국 우리나라에서 빵값 문제는 할인 행사나 1회성 이벤트로는 해결되지 않는다. 원재료, 유통, 시장 구조를 종합적으로 개선하고, 지역 협동조합 기반 대안 유통망을 확충할 때 소비자와 소상공인이 모두 만족할 수 있는 지속 가능한 가격 체계가 가능하다. 이는 생활물가 안정과 지역 경제 활성화, 청년 창업 지원까지 이어지는 사회적 과제이자 정책적 과제다. 모두가 합리적 가격을 누릴 수 있는 빵값, 이제 정부와 기업, 지역 사회가 함께 만들어야 할 시점이다.

7. 공공의사 제도, 필요한데 왜 지지부진한가

우리나라의 보건의료 체계에서 가장 시급한 과제 중 하나는 지역과 필수의료 분야의 인력 부족 문제다. 수도권 대형병원에 의료 인력이 집중되면서 지방의료와 응급, 외상, 소아, 산부인과 같은 기피 영역은 점점 공백이 커지고 있다. 환자가 제때 치료받지 못해 생명이 위태로워지는 사례가 반복되고 있으며, 이는 단순한 지역 불균형을 넘어 국민의 생명권과 직결되는 문제다. 따라서 지역·필수·공공 의료 인력을 안정적으로 확보하기 위한 제도적 장치가 필요하다. 정부가 국립대병원을 중심으로 한 네트워크 구축, 질환별 전문센터 운영, 공공의료사관학교 설립 등 다양한 방안을 검토하는 것도 이러한 맥락에서다.

그러나 공공의사 제도는 여러 차례 논의에도 불구하고 실질적으로 추진되지 못했다. 제도의 필요성은 사회적으로 어느 정도 합의가 이뤄졌음에도 불구하고, 구체적 실행 단계에서 갈등과 반발에 가로막히는 것이다. 가장 큰 원인은 의료계와의 갈등이다. 의사단체는 의대 정원 확대나 지역의사제 도입을 정부의 일방적 공급 확대 정책으로 받아들인다. 의료계 내부에서는 단순히 의사 수만 늘리면 오히려 특정 전공과 수도권으로 쏠림 현상이 심화되고, 의료의 질 저하로 이어질 수 있다는 우려가 크다. 공공의사 제도가 명확한 설계 없이 추진될 경우 이러한 불신은 더욱 확대될 수밖에 없다.

또한 과학적 근거의 부족도 큰 문제다. 우리 사회에 필요한 의사 수가 정확히 얼마인지, 어떤 지역과 전문 과목에 인력이 얼마나 필요한지에 대한 구체적 추계가 제시되지 못했다. 정부가 의료 수급 불균형 문제를 강조하지만 정량적 자료와 합리적 예측 없이 정책을 추진하려 하면 의료계는 이를 정치적 결정으로 간주하고 반발한다. 제도가 현실적 설득력을 갖추려면 과학적 수요 예측과 기능 설정이 반드시 선행되어야 한다.

제도적 설계 미비 역시 추진을 가로막는 원인이다. 공공의사 제도가 단순히 의무 복무를 전제로 한 지역 배치에 머무르면 젊은 의사들에게는 불합리한 강제처럼 느껴진다. 복무가 끝난 뒤에는 다시 수도권으로 이동하는 일이 반복될 가능성도 크다. 장기적인 경력 설계와 매력적인 보상 체계가 결여된 상태에서는 인력 유입도, 정착도 기대하기 어렵다. 여기에 지역 공공병원의 열악한 근무 환경과 낮은 보상 수준은 인력 기피를 더욱 심화시킨다. 충분한 인프라와 행정적 지원 없이 인력만 배치하는 방식은 결국 실패할 수밖에 없다.

이 문제를 풀기 위해서는 몇 가지 조건이 충족되어야 한다. 무엇보다 과학적 근거에 기반한 정밀한 인력 수요 추계가 필요하다. 인구 구조, 지역 특성, 질환별 필요도를 반영한 세밀한 예측을 통해 어느 지역에, 어떤 전공의 인력이 몇 명 필요한지를 객관적으로 제시해야 한다. 그래야만 정책적 설득력을 확보할 수 있다. 또한 의료계와의 협치 구조를 강화해야 한다. 정부가 일방적으로 제도를 설계하면 갈등만 반복된다. 의사단체, 전공의 단체, 시민사회, 지자체가 모두 참여하는 협의체를 통해 제도의 설계와 집행 과정 전반에 의견을 반영하고 절차적 정당성을 확보해야 한다.

공공의사 제도에 종사하는 이들에게는 단순한 의무 복무를 넘어 경력 개발과 생활 기반을 보장할 수 있는 매력적인 인센티브가 제공되어야 한다. 전문의 과정에서의 가산점, 연구 기회 확대, 복무 이후 국립대병원이나 공공기관에서의 안정적 채용 보장 등은 장기적인 유입과 정착을 위한 최소 조건이다. 동시에 지방 공공병원의 시설과 장비를 개선하고, 국립대병원을 중심으로 한 지역 네트워크와 질환별 센터를 확충해 근무 환경과 의료 수준을 함께 끌어올려야 한다.

마지막으로 국민적 공감대 형성이 중요하다. 공공의사 제도는 결국 국민 생명과 직결된 정책이다. 필수의료 공백으로 피해를 입는 것은 지방 주민과 취약계층이며, 이 문제를 해결하지 못하면 지역 간 건강 격차는 더욱 심화된다. 정부는 의료계와의 협상 과정뿐 아니라 국민에게도 제도의 필요성과 장점을 적극적으로 알리고 사회적 지지를 확보해야 한다.

보건복지부 장관은 "의정 갈등이 반복돼서는 안 된다"고 강조한 바 있다. 공공의사 제도의 추진은 속도보다 정교한 설계와 사회적 합의가 더 중요하다. 과학적 근거와 협치, 인센티브, 지역 인프라 개선이 결합될 때 비로소 제도는 실현 가능성을 얻는다. 갈등의 악순환을 끊고 국민 생명을 지키는 의료제도 개혁을 실행할 때다.

8. 황혼육아, 국가가 책임지는 돌봄 권리로

영유아 보육체계는 국가와 지자체가 꾸준히 확충하고 있다. 어린이집과 유치원, 맞춤형 돌봄 프로그램 등을 통해 맞벌이 가정의 육아 부담을 줄이려는 노력은 분명 성과를 거두고 있다. 그러나 현실에서는 여전히 보육 사각지대가 존재한다. 근무 시간이나 지역, 비용 문제, 긴급 상황 등으로 정규 보육시설을 이용하기 어려운 가정이 적지 않으며, 그 사각지대를 메우는 역할을 조부모가 맡고 있다. 손주를 돌보는 조부모는 단순한 보조자가 아니라 사실상 사회적 돌봄의 중요한 축이다.

맞벌이 가정의 증가와 함께 황혼 육아는 보편적 현상이 됐다. 최근 통계를 보면 30대 맞벌이 비율이 절반을 넘어섰고, 자녀가 6세 이하인 가정의 맞벌이율 역시 최고치를 기록하며 조부모가 손주 양육에 참여하는 사례가 흔해졌다. 조부모는 아이 돌봄을 위해 신체적 부담과 정신적 소진을 감수하며 노년의 건강과 삶의 질을 위협받는다. 현재 구조는 개별 가정의 희생에 의존하고 있어 장기적으로 지속 가능하지 않다.

각 지자체는 조부모를 지원하기 위해 다양한 정책을 운영해 왔다. 조부모 대상 육아 교육 프로그램, 일정한 돌봄 수당 지급, 경로당과 복지시설을 활용한 세대 통합형 공간 마련 등이 그것이다. 그러나 정책 기준과 범위가 지역마다 달라서 같은 돌봄 상황에서도 조부모와 맞벌이 가정이 누리는 혜택과 부담에는 큰 차이가 있다. 이러한 불균형은 돌봄의 기본권이 지역별로 다르게 보장되는 결과를 낳으며, 조부모와 맞벌이 가정 모두에게 혼란과 불평등을 초래한다.

최근 발의된 '황혼 육아 지원법(아이돌봄 지원법 개정안)'은 문제를 국가 차원에서 통합적으로 관리하려는 제도적 전환을 담고 있다. 손주를 돌보는 조부모를 '손자녀돌보미'로 등록하고, 국가 또는 지자체가 손자녀돌봄수당을 지급하도록 하는 것이 핵심이다. 수당의 지급 기준과 금액, 절차를 국가가 설정함으로써 지자체별 편차로 발생하는 불평등을 해소하고 장기적·안정적인 정책 기반을 마련한다.

국가 차원의 통합 관리가 시행되면 조부모 돌봄은 단순한 개인 희생이 아니라 사회적 투자로 전환될 수 있다. 맞벌이 가정은 육아 공백을 안정적으로 메울 수 있으며, 아이들은 균형 있는 돌봄 환경에서 성장한다. 조부모는 돌봄 참여와 동시에 건강과 삶의 질을 지킬 수 있다. 이는 가족 공동체 회복과 세대 간 신뢰 형성에도 기여하며, 사회 전체의 돌봄 체계 강화에도 연결된다.

황혼 육아는 단순히 가정 문제로 치부할 수 없다. 세대 간 돌봄 구조를 조율하고, 조부모의 건강을 보호하며, 아이들의 발달을 지원하는 것은 사회 전체의 책임이다. 국가가 조부모

돌봄을 관리하고, 교육·보상·공간 활용 등 종합적인 지원체계를 마련할 때, 조부모는 안정적으로 돌봄 역할을 수행하면서 과도한 부담으로부터 보호받을 수 있다.

황혼 육아를 개인과 가정의 희생에 맡기는 구조에서 벗어나 국가가 책임지는 돌봄 권리로 전환하는 것은 시대적 과제다. 부모 세대의 안정적 육아 지원, 조부모의 삶의 질 보장, 아이 세대의 건강한 성장까지 연결되는 체계적 접근이 필요하다. 보육 사각지대를 메우는 조부모를 사회적 자원으로 인정하고, 국가가 그 권리와 책임을 보장할 때, 황혼 육아 문제는 지속 가능하고 공평하게 해결될 수 있으며, 사회 전체의 돌봄 역량을 강화하고 미래 세대 육아 정책의 신뢰성도 높일 수 있다.

9. 가짜 3.3 계약, 이제 끝낼 때다: 전문 노동자 권리도 보호해야

최근 노동시장에서 가장 논란이 되는 불법 관행 중 하나는 '가짜 3.3 계약'이다. 사용자가 4대 보험과 근로기준법 의무를 회피하기 위해 노동자를 근로계약이 아닌 개인사업자로 계약하게 하고, 매달 3.3%의 사업소득만 신고하게 하는 꼼수다. 겉으로는 합법적 계약처럼 보이지만, 사실상 노동자 권리를 박탈하고 사회보험 혜택과 최소한의 안전망을 빼앗는 명백한 불법 행위다.

특히 물리치료사, 심리상담사, 작업치료사, 언어치료사 등 전문자격증을 가진 노동자에게 이러한 3.3 계약이 빈번히 발생한다. 일부 사업자는 계약서에 "계약 종료 후 2년간 창업 금지", "퇴사 3개월 전 사전 통보", "이를 어길 시 손해배상 청구"와 같은 조항을 포함시켜 노동자의 자유로운 생계 활동과 경제적 권리를 심각하게 제한한다. 노동자는 불편하지만 이런 계약서에 서명하지 않고는 일을 할 수 없는 상황에 처하며, 울며 겨자 먹기로 계약에 동의할 수밖에 없다. 재직증명서를 발급받거나 동의서를 요청하는 것조차 마음 편히 할 수 없는 현실은 노동자의 권리 보호가 얼마나 취약한지 보여준다.

고용노동부 장관은 최근 "'가짜 3.3 계약', 5인 미만 사업장 쪼개기 등 불법적 관행에 대한 정기·수시 현장 점검을 강화하겠다"고 밝혔다. 또한 "'우리 노동부 프로젝트'를 통해 모든 노동의 가치를 존중하고, 모든 일하는 사람이 노동부를 신뢰할 수 있도록 만들겠다"고 강조했다. 현장 감독 강화뿐 아니라 신고제도의 간편화와 익명 보호 정책 강화를 통해 노동자가 안전하게 권리를 신고할 수 있도록 하겠다고 덧붙였다.

'가짜 3.3 계약' 문제는 일부 플랫폼 노동자나 특수고용직에만 국한되지 않는다. 현대 노동시장의 다변화 속에서 계약서 한 장으로 권리가 박탈되는 비임금 노동자가 적지 않다. 실제로 창업 금지, 퇴사 통보 기한 의무, 손해배상 청구 등 불공정 조항을 달아 노동자를 사실상 종속시키는 사례가 빈번하게 발생한다. 고용노동부 장관은 이러한 문제를 해결하기 위해 법·제도 개선과 지원 정책 발굴, 그리고 현장 점검을 동시에 추진할 계획이라고 밝혔다.

노동부는 내부적으로도 '공인전문인증제'를 도입해 직원들의 경력과 역량을 인증하고, AI 기반 노동행정 혁신을 추진한다. 음성·이미지 자료 자동 서류화, 관련 판례·행정해석 신속 지원 등을 통해 반복·관행적 업무를 줄이고, 노동자의 억울한 상황을 빠르게 해결할 수 있는 체계를 만들겠다는 계획이다. 이번 정책은 선언이 아닌 실질적 행동이 필요하다. 불법 계약과 독소조항으로 권리가 제한되는 노동자가 더 이상 생기지 않도록 정부는 적극적이고 체계적인 대응을 보여야 한다. 모든 노동자가 안정적으로 일하고, 억울한 일이 없도록 내 일처럼 해결하는 노동부, 그것이 고용노동부 장관이 강조한 '우리 노동부'의 의미다. 이제는 말이 아니라 실질적 제도 개선, 강력한 현장 감독, 신고 보호 강화를 통해 '가짜 3.3 계약'과 심각한 갑질을 끝낼 때다.

10. 공급자 중심의 고용보험, 누구를 위한 제도인가?

고용보험은 단 하루만 일해도 의무적으로 가입하도록 설계되어 있다. 이는 모든 근로자를 위한 사회 안전망의 기본 원칙처럼 보이지만 현실에서는 제도의 허점이 곳곳에서 드러난다. 현재 고용보험은 진정으로 취약한 근로자를 보호하기보다 제도 자체의 안정성과 관리 편의 중심으로 운용되는 공급자 중심 시스템이라는 비판을 피할 수 없다.

현행법상 실업급여를 받으려면 퇴직 전 18개월 동안 최소 180일 이상 근무해야 한다. 단 하루라도 모자라면 그동안 꼬박꼬박 납부한 보험료가 헛되이 사라진다. 예컨대 5개월 29일, 즉 179일을 근무한 근로자는 혜택을 전혀 받을 수 없다. 디지털 전환과 플랫폼 경제의 확산으로 단기 계약직, 프로젝트 근로자, N잡러, 프리랜서 등 새로운 형태의 근로자가 늘어나고 있지만, 제도는 이 현실을 반영하지 못한다. 결과적으로 실질적 혜택을 받는 소수 근로자를 위해 다수가 비용을 부담하는 구조가 지속되고 있다.

이러한 불합리성은 노동시장의 단절과 불안정을 심화시킨다. 단기 계약을 반복하는 근로자들에게 고용보험료 납부는 경제적 부담으로 작용하지만 정작 직업 안정성과 경력 개발로 연결되지 못한다. 특히 여성, 청년, 중장년층 비정규직 등 취약 계층은 제도 사각지대에 놓여 있으며, 경력 단절과 소득 불안정이 심화된다. 획일적인 6개월 기준 대신 근무 일수에 비례한 보험료 환급, 혹은 실업급여 대신 직업훈련·재취업 지원과 연계하는 유연한 제도 설계가 필요하다.

정책적 개선 방안도 명확하다. 첫째, 근무 기간 비례형 실업급여 제도를 도입해 단기·임시 근로자도 일정 기간 근무 시 일부 혜택을 받을 수 있도록 해야 한다. 둘째, 프리랜서와 비정규직 근로자를 포함한 맞춤형 직업훈련과 재취업 지원을 강화해야 한다. 셋째, 데이터 기반 맞춤형 보험 설계를 통해 산업별·근로 형태별로 가입 요건과 급여 수준을 유연하게 조정할 필요가 있다. 마지막으로 정부와 지자체가 협력하는 통합 고용 지원 플랫폼을 마련해 단기·특수 근로자까지 포괄하는 종합적 안전망을 구축해야 한다.

고용보험은 근로자를 위한 최소한의 사회적 안전망이자 신뢰의 기반이다. 모든 근로자가 납부한 만큼 보호와 기회를 받을 수 있어야 제도의 지속 가능성과 사회적 신뢰가 확보된다. 이제는 제도의 효율성과 재정 건전성만 강조할 시기가 아니라 다양한 근로자의 현실과 요구를 반영한 수요자 중심의 혁신적 개편이 절실한 때다.

특히 플랫폼 노동, 프리랜서, 단기 계약직 등 변화하는 노동시장 구조를 반영하지 못한다면, 제도는 결국 일부 소수에게

만 혜택을 주는 구시대적 안전망으로 전락할 수밖에 없다. 근로자의 권리를 보호하고, 사회 전체가 지속 가능한 노동 안전망을 갖추기 위해서는 지금이 바로 근본적 개편의 시점이다.

11. 반복되는 아동·청소년 유괴 미수, 사회 전체가 책임져야 한다!

최근 전국 곳곳에서 아동·청소년을 대상으로 한 유괴 미수 사건이 연이어 발생하면서 학부모들의 불안이 커지고 있다. 대구에서는 낯선 남성이 초등학생을 "짜장면을 먹으러 가자"며 유인하려다 붙잡혔고, 서울 관악구에서는 60대 남성이 여학생에게 접근하다가 발각됐다. 제주에서는 아르바이트를 미끼로 접근했고, 인천에서는 5학년 여아를 유인하려는 시도가 있었다. 경기 광명에서는 고등학생이 성범죄 목적으로 초등학생을 끌고 가려다 검거되었다. 다행히 모두 미수에 그쳤지만 아이들이 겪은 공포와 사회가 느낀 충격은 결코 가볍지 않다.

더 큰 문제는 경찰의 미온적 대응이다. 서울 서대문구에서는 유괴 시도 의심 신고가 접수됐음에도 안일하게 '허위 신고'라며 묵살한 뒤에 추가 신고가 이어지고 나서야 범인을 검거했다. 만약 초기 대응이 지연된 사이 실제 피해가 발생했다면 누구도 책임을 피할 수 없었을 것이다. 범죄에 대한 '사후 수습'이 아니라 '사전 차단'이 경찰의 책무임을 잊어서는 안 된다.

아이들이 혼자 등하교하는 문화 또한 위험을 키운다. 맞벌이 가정이 늘어나고 학원 이동이 잦다 보니 아이들이 혼자 거리를 오가는 시간이 많아졌다. 이는 잠재적 범죄자들에게는 '기회'가 되고, 부모들에게는 늘 불안의 원인으로 남는다. 실제로 아동·청소년 대상 납치·유괴 범죄는 최근 몇 년 사이 꾸준히 증가세를 보이고 있다.

그렇다면 무엇이 필요할까? 우선 경찰과 지자체는 아동 안전 사건에 대한 '골든타임 대응 체계'를 갖춰야 한다. 단순 신고라도 철저히 조사하는 적극적 태도가 필요하다. 범죄 가능성이 낮아 보이더라도 아이들의 안전 문제는 '과잉대응'이 오히려 정답이다.

둘째, 학교·지역사회·지자체가 연계한 생활권 안전망을 촘촘히 구축해야 한다. 예컨대 CCTV 확대 설치, 안전 귀가 도우미, 지역 주민 신고 보상제 등은 범죄 억제 효과를 가져올 수 있다. 일본의 '방범 패트롤', 미국의 '네이버후드 워치'처럼 주민 참여형 감시체계를 제도화하는 방안도 고려해야 한다.

셋째, 단순 처벌 강화만으로는 한계가 있다. 법적 형량 상향은 물론 필요하지만 재범 가능성이 높은 성범죄 전력자와 아동 대상 전과자의 실시간 위치 추적 및 거주지 제한 같은 적극적 관리가 병행되어야 한다. 또한 아동 접근 범죄자에게는 집행유예나 감형을 최소화해 '실질적 구속력'을 가진 처벌을 강화해야 한다.

마지막으로 부모와 교사만의 안전교육에 의존하는 방식에서 벗어나 국가 차원의 예방 교육 시스템을 마련해야 한다. 아동에게는 낯선 사람의 접근 대응법을 체계적으로 가르치고,

성인에게는 주변에서 아동을 유인하거나 따라오는 수상한 장면을 봤을 때 즉각 개입하도록 인식을 바꾸는 교육이 병행되어야 한다.

유괴는 단순한 범죄를 넘어 사회 전체를 불안과 충격에 빠뜨리는 반인륜적 행위다. 이제는 부모의 자구책이나 보여주기식 대책에 머물지 말고, 국가와 사회가 함께 아이들의 '생활안전망'을 구축해야 한다. 아이들의 등굣길과 하굣길이 불안으로 얼룩진다면 그 사회는 미래를 지킬 자격이 없다. 지금 필요한 것은 엄격한 처벌과 더불어 온 사회가 연대해 범죄를 사전에 차단하는 실질적 안전망이다.

12. '좀비 전자담배', 청소년 안전 위협에 대한 국가적 경각심 필요

최근 전 세계적으로 '좀비 전자담배'가 사회적 문제로 급부상하고 있다. 일반 전자담배와 달리 마취제나 향정신성 물질을 혼합한 이 제품은 사용자가 흡입하면 의식을 잃거나 호흡곤란, 심장 마비 등 심각한 건강 문제를 초래할 수 있다. 특히 청소년을 중심으로 확산되고 있어 국제 보건 당국은 우려를 표하고 있다. 실제로 영국에서는 14~16세 청소년이 이러한 제품을 흡입해 병원에 입원하는 사례가 발생했으며, 일부는 인공 혼수상태에 빠지기도 했다. 일본과 대만에서도 온라인 구매를 통해 청소년이 제품을 손쉽게 접할 수 있어 문제는 점점 심각해지고 있다. 미국에서도 스파이스(spice) 등 향정신성 물질이 포함된 전자담배가 학교에서 압수되는 사례가 증가하며, 청소년 건강을 직접 위협하고 있다.

문제의 핵심은 '좀비 전자담배'가 온라인과 해외 유통망을 통해 손쉽게 국내로 유입될 수 있다는 점이다. 기존 전자담배 규제는 판매·유통을 대상으로 하지만 불법 제품의 온라인 거래나 해외 직구를 통한 국내 유입은 사실상 감시가 어렵다. 규제의 사각지대를 틈타 청소년에게 접근할 수 있는 환경이 조성되고 있는 것이다.

우리나라의 청소년 전자담배 사용률은 증가세다. 청소년이 혼자 등하교하거나 학원 이동 중 접근할 수 있는 가능성이 높은 현실에서 '좀비 전자담배'가 들어온다면 건강과 안전은 심각한 위협에 노출될 수밖에 없다. 따라서 단순히 판매 금지나 규제만으로는 대응에 한계가 있다.

해결을 위해서는 국가적 차원의 종합적 대응 전략이 필요하다. 먼저 국제 협력을 강화해 불법 제품의 유통·제조 정보를 공유하고, 국경을 넘어 단속할 수 있는 체계를 마련해야 한다. 온라인 플랫폼에 대한 감시와 차단도 필수적이다. 해외 직구나 SNS를 통한 유통을 실시간 모니터링하고, 불법 판매를 발견할 경우 즉시 차단하는 시스템이 필요하다.

또한 청소년 대상 예방 교육과 홍보를 확대해야 한다. 단순히 위험성을 알리는 수준을 넘어 실제 사례와 후유증을 보여주고 청소년 스스로 위험을 인식하도록 유도해야 한다. 부모와 교사 대상 교육도 함께 강화해서 자녀를 지도하고 위험을 조기에 발견할 수 있도록 해야 한다.

법적 제재 강화도 병행되어야 한다. 불법 제품을 제조·유통하는 자에 대한 형량을 강화하고, 범죄 사실을 은폐·회피하려는 시도까지 포함해 책임을 명확히 해야 한다. 청소년 접근을 허용한 경우에는 성인과 동등한 강력한 처벌을 적용해 경각심을 높이는 것이 필요하다.

'좀비 전자담배'는 단순한 유행이나 일시적 문제를 넘어서 청소년 건강과 생명을 위협하는 심각한 범죄 행위다. 우리 사회가 지금 방관한다면 위험은 점점 확대될 것이고 그 피해는 청소년과 가정, 사회 전체로 파급될 것이다. 국가와 지자체, 교육기관, 시민사회가 연대해 예방·단속·교육을 동시에 강화하고, 청소년 안전망을 촘촘히 구축해야 한다. 청소년이 안전하게 성장할 권리를 지키는 것은 더 이상 선택이 아닌 사회 전체의 책임이다.

13. 교제 범죄, 더 이상 낭만이 아니라 사회가 차단해야 할 범죄다!

최근 일본에서 벌어진 한국인 남성의 교제 살인 사건은 충격적이다. 단순한 개인 간 불행한 비극이 아니라 집착과 폭력이 결합한 교제 범죄가 국경을 넘어 재현된 것이다. 이는 한국 사회가 오랫동안 '이별은 개인 문제'라며 방치해 온 허술한 제도와 왜곡된 문화가 결국 피해자의 생명으로 이어지고 있음을 보여준다.

여전히 우리 사회에는 집착을 '순정'으로 포장하고, 반복적 구애를 '낭만'으로 미화하던 잔재가 남아 있다. 과거 "열 번 찍어 안 넘어가는 나무 없다"는 속담이 당연시되던 문화 속에서 상대의 의사와 안전은 뒷전이 되었고, 그 결과 스토킹처벌법조차 제정되기까지 20년 넘는 세월이 걸렸다.

그러나 이제 교제 범죄는 단순한 가정사나 연애 문제로 볼 수 없다. 명백히 사회적 폭력이고, 공동체가 책임지고 차단해야 할 범죄다. 문제는 현실이 법보다 훨씬 빠르게 변하고 있다는 점이다. 과거에는 물리적 추적이 중심이었다면, 이제는 SNS와 위치 기반 서비스, 메신저 앱 등을 통한 디지털 스토킹이 일상화되었다.

가해자는 온라인에서 피해자의 일상을 감시하고, 위협적 메시지를 무차별적으로 보내며, 실제 범죄로 이어질 단초를 쌓아간다. 피해자는 직장과 사회적 관계를 버려야만 안정을 찾는 경우가 많다. 결국 책임은 피해자에게 전가되고, 가해자는 제도의 빈틈을 파고든다. 따라서 대응의 초점은 피해자 보호를 넘어 가해자 차단으로 이동해야 한다. 전자발찌 부착과 위치 추적 강화, 접근금지 위반 시 실시간 경보 시스템 도입은 더 이상 선택이 아니라 필수다. 나아가 경찰이 피해자의 신고가 접수되기 전이라도 명백한 위험이 확인되면 선제적으로 접근 차단 명령을 내릴 수 있는 권한이 보장돼야 한다. 피해자가 스마트워치로 SOS를 누르는 순간은 이미 돌이킬 수 없는 위기 상황일 수 있음을 잊지 말아야 한다.

일본의 사례가 우리에게 준 충격은 경찰 대응의 적극성이었다. 피해자를 안전지대로 옮기고, 가해자의 동선을 추적하며, 귀국을 권고하는 등 경찰이 '끝까지 책임진다'는 태도를 보인 점이다. 우리 경찰 역시 역량은 충분하다. 문제는 법적 제약과 제도적 한계다. 피해자가 '신고하지 않았다'는 이유만으로 적극적 조치를 못 하는 현실은 이제 바뀌어야 한다.

교제 범죄는 개인의 일상과 안전을 무너뜨릴 뿐 아니라 사회 전체의 신뢰 기반을 흔든다. 디지털 시대에 폭력은 더 은밀하고 치밀해졌으며, 그만큼 대응은 더 강력하고 선제적이어야 한다. 낭만이라는 이름으로 포장된 폭력을 범죄로 규정하고, 피해자가 아닌 가해자의 삶을 제약하는 제도를 마련할 때 비로소 우리 사회는 안전을 되찾을 수 있다. 교제범죄 앞에서 더는 "어쩔 수 없다"는 체념이 아니라 "국가가 반드시 막아낸다"는 확신을 줄 수 있어야 한다. 그것이 달라진 사회현실 속에서 국가가 져야 할 진정한 책무다.

14. 청년 고용정책, '좋은 자리'가 아닌 '버틸 수 있는 자리'가 필요하다

청년 고용은 여전히 우리 사회의 뜨거운 화두다. 정부는 일자리 창출을 외치고, 기업은 인재 부족을 호소한다. 그러나 통계청의 최근 수치가 보여주듯 청년들은 오히려 노동시장에서 멀어지고 있다. 최근 언론의 실태조사 역시 이러한 현실을 확인시켜 주며, 청년 고용 정책의 변화가 불가피함을 일깨운다. 문제의 핵심은 일자리의 '부족'이 아니라 첫 직장의 경험이 '다시 돌아가고 싶은 기억으로 남지 못한다'는 데 있다.

많은 청년들은 이미 일터를 경험했지만 그곳에서 얻은 것은 경력이 아니라 좌절이었다. 위생조차 보장되지 않는 환경, 끝없는 야근, 소모적 관계가 청년들에게 남긴 것은 피로감과 불신이다. "다시는 같은 상황을 반복하고 싶지 않다"는 두려움이 이들을 '쉬었음' 상태에 머무르게 한다. 결국 청년 문제는 '일자리 없음'이 아니라 '괜찮은 자리 없음'의 문제다.

여기서 말하는 '괜찮은 자리'는 대기업 연봉이나 화려한 복지를 뜻하지 않는다. 지극히 일상적이고 상식적인 조건, 즉 기본적인 휴식 공간, 무리하지 않는 근로시간, 최소한의 성장 가능성이 담보된 일자리다. 노동시장에서의 존엄은 단지 임금 수준으로만 측정되지 않는다. 직장에서 하루를 보내는 시간이 인간다운 조건을 갖추었느냐가 핵심이다.

그럼에도 불구하고 청년 고용정책은 여전히 숫자 맞추기에 치중돼 있다. 몇 명을 인턴으로 채용했는가, 몇 개의 기업이 지원금을 받았는가가 성과의 척도가 되고 있다. 그러나 단기 일자리를 경험한 청년들이 오래 버티지 못하고 빠져나간다면, 그 정책은 사회 전체에 어떤 의미도 남기지 못한다.

따라서 지금 필요한 것은 '질적 하한선'을 설정하는 일이다. 임금만이 아니라 안전과 위생, 적정한 근로시간, 합리적인 복지와 휴식이 일자리의 기본 기준이 되어야 한다. 기업 입장에서는 당장의 비용으로 보일 수 있지만, 청년의 빠른 이탈로 생기는 채용·교육 비용을 감안하면 장기적으로는 훨씬 합리적이다.

정책적으로도 혁신적인 방향 전환이 요구된다. 첫째, 청년 고용 지원은 단순 채용이 아니라 '지속 근속'에 연동돼야 한다. 3개월짜리 인턴십이 아니라 3년 이상 근속할 수 있도록 환경을 개선한 기업에 더 큰 지원을 제공해야 한다. 둘째, 청년의 관점에서 직장을 평가할 수 있는 공신력 있는 지표가 필요하다. 기업이 '청년 친화 직장'이라는 인증을 얻기 위해 스스로 환경을 바꾸게끔 유도하는 방식이다. 셋째, 청년 당사자의 목소리가 정책 설계 과정에 직접 반영되어야 한다.

청년들이 노동시장에서 이탈하는 것은 개인의 게으름이 아니라 사회가 최소한의 일터를 제공하지 못했기 때문이다. 그렇기에 해법 역시 '청년의 태도 교정'인 개인 문제가 아니라 '일자리의 조건 개선'이라는 사회구조적 문제에서 찾아야 한다. 우리가 진정 고민해야 할 것은 "청년에게 몇 개의 자리를 줄 것인가"가 아니라 "그 자리가 청년에게 어떤 경험을 남길 것인가"다.

청년 고용정책은 이제 숫자의 경쟁을 넘어야 한다. 하루하루 출근할 수 있는 최소한의 상식이 보장될 때, 청년은 다시 노동시장에 돌아올 것이다. 그리고 그 상식이 지켜지는 일터가 많아질 때, 우리 사회는 비로소 청년과 기업 모두가 함께 성장하는 길을 찾을 수 있을 것이다.

15. '고무줄 청년' 기준, 이제는 통일이 필요하다

청년은 누구인가. 단순한 질문 같지만 답하기 어렵다. 우리 사회에서 '청년'의 정의는 지자체마다 다르고 때로는 종교적·문화적 맥락에 따라 제각각이기 때문이다. 강원특별자치도는 청년을 만 18세에서 45세 사이로 규정하지만 같은 지역 내 고성군은 청년기본법에 따라 만 19세 이상 34세 이하로 기준을 삼는다. 경남 역시 상황은 비슷하다. 경상남도 전체의 월세 지원사업은 만 19세부터 34세 이하를 대상으로 하지만 산청군은 자체 조례에 따라 만 49세까지 지원 대상에 포함시킨다. 경남의 청년자산형성 지원사업인 '모다드림 청년통장'은 만 18세부터 39세까지를 기준으로 한다. 같은 도내에서도 청년의 범주가 최소 만 34세에서 최대 49세까지 널뛰는 현실이다.

이처럼 청년 기준이 지역별로 제각각인 상황은 형평성 문제를 불러온다. 산청에 사는 38세는 청년 지원 대상이지만 창원에 거주하면 혜택을 받지 못할 수 있다. 주민등록상 주소만 달라도 정책 수혜 여부가 달라지는 것이다. 또 어떤 종교단체에서는 결혼하지 않으면 평생 청년으로 간주하기도 한다.

현재 우리 사회가 청년에게 요구하는 역할은 갈수록 커지고 있지만 그들이 처한 현실은 녹록치 않다. 실업률은 여전히 높고 주거 불안, 학자금 대출, 결혼·출산 기피 등 삶의 무게는 무겁다. 상한을 45세나 49세까지로 넓혀버리면 정책의 수혜 범위는 늘어나지만 그만큼 예산의 분산으로 인해 실질적인 효과는 반감될 수 있다. 특히 20대 후반에서 30대 초반의 기반이 상대적으로 취약한 세대에 집중 지원이 필요하다는 지적은 설득력을 얻는다. 그럼에도 청년을 누구로 규정할 것인지는 여전히 사회적 합의 없이 땜질식으로 이루어지고 있다. 법적으로는 청년기본법이 19세에서 34세까지를 청년으로 정의하고 있으나 이 또한 구속력이 약해 각 지방자치단체가 자의적으로 기준을 설정하고 있다. 지역 맞춤형 정책이라는 명분 아래 기준은 통일되지 않고 오히려 분열되고 있다.

이러한 현실은 정책 설계의 일관성을 해치고 행정의 혼란을 초래하며 궁극적으로는 정책 대상자의 불신을 불러온다. 또 하나의 문제는 청년을 단지 '몇 살'로 규정하는 연령 중심적 접근이다. 사회 진입이 늦어진 지금, 30대 중반에 학업을 마치고 첫 직장을 구하는 청년도 있으며 40대 초반까지도 경제적 자립이 어려운 이들이 많다. 이런 현실을 외면한 채 연령 기준만으로 선을 긋는 것은 오히려 청년의 삶을 단순화하고 왜곡하는 일이다.

따라서 이제는 청년을 단지 나이로만 규정할 것이 아니라 생애주기나 경제적 자립여부, 고용상태, 가족구성 등 다양한 요소를 함께 고려해야 한다. 중앙정부는 법정 기준을 명확히

하되 연령 구간을 세분화해 청년기본층, 중년청년층 등으로 구분하고 각 지자체는 이에 따라 정책을 설계하도록 유도해야 한다. 더불어 중앙과 지방이 함께 조례 기준의 정합성을 조율할 수 있는 협의체도 필요하다. 기준의 다양성은 존중하되 정책 수혜의 공정성은 확보해야 한다.

청년 기준의 혼란은 단지 수치의 문제가 아니다. 그것은 우리 사회가 청년을 어떻게 인식하고 있으며 그들의 삶에 대해 어떤 책임을 지고 있는지를 보여주는 민감한 거울이다. 각종 정책이 쏟아지는 시대지만 그 정책이 누구를 위한 것인지 명확하지 않다면 결국 누구도 책임지지 않는 구조가 된다. 지금이야말로 고무줄처럼 늘어나는 청년 기준을 바로잡고 청년을 향한 정책의 방향을 정비해야 할 때다. 청년은 우리의 미래이며 그 미래를 향한 사회적 약속은 명확해야 한다. 그렇기에 기준을 세우는 데 있어 기계적인 숫자보다 청년이 처한 사회·경제적 여건을 함께 고려하는 균형감 있는 시각이 요구된다. 지방정부의 생존을 넘어 우리 사회가 '청년'이라는 존재에게 던지는 질문이 더욱 정교하고 포괄적이어야 할 시점이다.

III

'정치·안보' 편

1. 검찰개혁, 사람 아닌 시스템으로[37)]

검찰(Prosecution Service). 영어로는 '서비스'를 제공하는 기관이다. 국민을 위한 법률 서비스를 수행하며 법의 집행자로서 공공의 이익을 실현하는 것이 그 본래의 역할이다. 그러나 대한민국에서 검찰은 단순한 서비스 기관이 아닌 막강한 권력기관으로 자리 잡아 왔다.

우리나라 검찰은 수사와 기소라는 형사사법 체계의 핵심 권한을 동시에 독점하고 있다. 이는 세계적으로 드문 구조이며 사법 정의 실현에 있어 효율성을 이유로 정당화되어 왔지만, 실제로는 견제받지 않는 권력의 집중이라는 심각한 문제를 낳았다. 수사와 기소가 모두 가능한 권한을 가진 단일 기관은 자칫 사법 정의의 균형을 무너뜨리고 때로는 정치적 이해관계에 휘둘릴 우려가 크다.

검찰이 정치적 중립성을 유지해야 한다는 대원칙은 누구도 부인할 수 없다. 하지만 구조적으로 정치로부터 완전히 자유롭기 어려운 시스템 안에서는 이상과 현실의 괴리가 발생하기 쉽다. 실제로 과거 여러 정부에서 검찰은 정치적 중립성을 둘

37) 2025. 6. 19. 뉴스경남 오피니언.

러싼 논란에 반복적으로 휘말려 왔으며 권한의 행사 방향이 정권의 이해관계와 맞물리기도 했다. 이는 개인의 문제가 아니라 결국 구조의 문제다.

우리는 종종 도덕성과 실력을 겸비한 검찰총장의 출현을 기대하며 검찰이 자율적으로 균형 잡힌 권한 행사를 하길 바랐다. 하지만 언제까지 그 기대를 '운'에 맡겨야 하는가? 특정한 한 사람이 시스템 전체를 정의롭게 운영하길 기대하는 것은 민주주의보다는 전제 군주제에 가까운 발상이다. 실제로 어떤 지도자가 '사람에 충성하지 않는다'는 말을 내세우며 이상적 검찰상을 제시했지만 결과적으로 충성심을 기준으로 한 인사와 편향된 수사가 반복되는 역설을 보였다. 이런 사례는 결국 제도의 부재가 개인의 의지를 무력화한다는 점을 보여주는 반증이기도 하다.

이제는 검찰의 역할과 권한을 재정립할 시점이다. 검찰이 정치로부터 독립하기 위해서라도 제도적인 견제와 균형 시스템의 구축은 필수적이다. 수사와 기소의 분리, 검찰 외부의 감시와 감독 강화, 예산의 투명한 집행 등이 그 핵심이다. 특수활동비와 같은 불투명한 예산 운영 구조 또한 반드시 개혁 대상이다. 국민의 세금으로 운영되는 권력기관이 감시받지 않는 예산을 사용하는 것은 민주적 통제 원칙에 어긋난다.

검찰개혁은 특정 정권이나 정당의 이해관계를 위한 것이 아니다. 대한민국이 법과 제도가 작동하는 정상 국가로 나아가기 위한 필수 조건이다. 검찰은 법 위에 군림하는 존재가 아니라 법 아래에서 국민에게 봉사하는 '서비스' 기관이어야 한다. 따라서 검찰의 권한을 합리적으로 분산시키고 공정성과 투명성을 확보하기 위한 제도적 개혁은 국민 모두의 과제이자 시대적 요청이다.

이제 우리는 다시 물어야 한다. 언제까지 검찰의 중립성과 절제를 몇몇 개인의 인품과 도덕성에 의존할 것인가? 검찰개혁은 사람이 아니라 시스템의 문제다. 수사와 기소는 분리되어야 하며, 검찰은 감시와 견제 속에서 투명하게 작동하는 조직으로 변화해야 한다. 정의는 선한 의지가 아니라 균형 잡힌 제도를 통해 구현된다. 시민이 신뢰할 수 있는 검찰을 만들기 위해서는 이제 결단이 필요하다. 그 결단은 사람이 아닌 시스템을 바꾸는 것에서부터 시작된다.

2. 국가정보원의 역할과 정체성: 직속기관과 법치수호 속에서의 고뇌[38)]

2024년 12월 3일, 윤석열 전 대통령은 비상계엄을 선포하며 내란 행위를 자행했다. 이로 인해 국가정보원(국정원)은 중요한 기로에 서게 되었다. 홍장원 1차장은 대통령의 불법적 지시를 거부하며 국가정보원의 독립성을 지키려 했고 국가정보원장 조태용은 내란을 방조하는 입장을 취했다. 윤석열 전 대통령의 내란 행위를 돕는 지시 명령과 이에 대한 불복종 등은 국가정보원의 정체성과 역할에 대한 심각한 논란을 불러일으킨다.

국가정보원은 대통령 직속기관으로서 국가 안보를 책임지는 중요한 역할을 맡고 있다. 그러나 그 임무는 단순히 권력자의 명령을 따르는 것에 그치지 않는다. 국가정보원은 헌법과 법률에 따라 국민의 자유와 권리를 보호하고 민주주의의 가치를 수호하는 책임이 있다. 특정 정치적 이익을 위해 동원되거나 권력의 남용을 돕는 기관으로 변질되지 않도록 그 역할에 대한 근본적인 재조명이 필요하다.

홍장원 1차장이 대통령의 지시를 거부한 것은 국가정보원

38) 2025. 1. 2. 뉴스경남 오피니언.

의 정체성 위기를 직시한 결과였다. 국가정보원은 국민의 안전을 보호하는 기관이지만 동시에 민주적 법치주의와 국민의 기본권을 수호해야 할 책무를 지닌 기관이다. 대통령 직속기관으로서의 역할을 하면서도 헌법적 가치를 지키는 것이 무엇보다 중요하다는 점을 분명히 해야 한다.

윤석열 전 대통령은 국가정보원에 대공수사권을 부여하겠다고 하며 방첩사 적극 지원을 지시했으나 대공수사권을 부여하는 것은 대통령의 단독 권한으로 할 수 없는 일이다. 대공수사권은 법적 절차를 통해 국회의 승인을 받아야 하며 대통령의 단독 결정으로 처리될 수 없다. 이는 국가정보원에 부여된 권한에 대한 법적 절차를 무시할 수 없다는 점을 강조한다.

특히 대공수사권은 중대한 문제로 과거 군사 정권하에서 정치적 성향에 따라 특정 집단을 타깃(target)으로 악용될 위험이 있다. 정보기관이 정치적 이익을 위해 이용되거나 권력자의 지시에 따라 특정 대상을 겨냥하는 방식으로 변질된다면 그것은 오히려 국가안보를 위협하는 일이 된다. 비상계엄과 내란 상황에서 정보기관의 독립성과 공정성은 더욱 중요한 가치가 된다. 국가정보원이 특정 정치세력의 이익을 대변하는 기관으로 변질된다면 그것은 정보기관의 본질을 훼손하는 것이다.

국가정보원의 주요 임무는 국민의 안전을 보호하고 국가의 이익을 지키는 것이다. 그러나 국가 이익은 단순히 정부의 이익이나 특정 정치세력의 이익을 의미하지 않는다. 국가 이익은 헌법과 법치주의, 국민의 기본권을 기반으로 한 공정하고 정의로운 국가 운영을 의미한다. 정보기관이 그 이익을 추구하려면 국민과의 신뢰를 쌓고 정치적 중립성을 지키며 국익과 개인의 권리를 동시에 보호해야 한다.

비상계엄과 내란을 옹호하는 입장은 국가정보원의 정체성에 심각한 위협을 가한다. 국가정보원이 헌법과 법치주의에 대한 존중을 잃게 된다면 그것은 정보기관의 존재 이유와 본질을 부정하는 것이다. 정치적 상황이 극단적으로 치달을수록 국가정보원은 더욱 중요한 책임을 지게 된다. 바로 그 순간이 정보기관으로서의 정체성을 가장 철저히 지켜야 할 때이다.

국가정보원은 국가의 안보를 책임지는 중요 기관이지만 그 핵심 가치는 민주적이고 법적인 절차를 따른다는 것이다. 비상계엄과 내란 상황 속에서 정보기관이 직면한 갈등은 권력자의 명령을 따를 것인가 아니면 국민의 기본권과 자유를 보호할 것인가의 문제이다. 국가정보원은 그 자체로 국가의 정체성을 반영하는 중요한 기관이다. 그 정체성은 바로 국민을 위한 공정하고 독립적인 기관으로서의 역할을 의미한다.

3. 시니어 아미는 병력자원 고갈 문제의 해법이 될 수 있을까?[39)]

국민의힘 소속 성일종 국회의원(국방위원장)은 2024년 9월 제63회 KIDA 국방 포럼에서 민간인 신분의 중·장년층이 군 경계병 역할을 할 수 있도록 하는 법안을 검토하고 있다고 했다. 법안의 내용은 중·장년층을 군대에 재입대시키는 것이 아니라 우리 군에서 아웃소싱(outsourcing) 형태로 채용해 경계업무만 맡길 수 있도록 하는 것이었다.

이는 2023년 대한민국의 합계 출산율이 0.72명이라는 통계로 증명이 되듯 저출생 추세 심화로 징병제인 우리나라의 병력자원 부족 문제가 점점 심각해지고 있기 때문이다. 일각에서 여성의 징집 또는 중·장년층의 안보 지원이 절실하다는 주장이 나오는 이유이기도 하다.

이처럼 세계에서 손꼽히는 저출생 추세로 병력자원 부족 문제가 심화되는 가운데 나이나 성별 같은 조건 없이 군인이 되겠다고 나선 중·장년층이 있다. 평균 연령 63세의 세계 최초 장노년 민간 예비군 단체인 '시니어 아미(Senior Army)'가 바로 그 주인공이다. 시니어 아미는 2023년 6월에 대표 선출

39) 2024. 11. 21. 뉴스경남 오피니언.

과 창립총회를 개최하고 국방부로부터 사단법인 허가를 받고 2024년 8월 법인 설립 등기까지 완료했다.

이러한 시니어 아미에 대해서 찬반 의견이 있다. 찬성 측 의견은 다음과 같다.

첫째, 오랜 사회생활을 통해 습득한 각 분야의 전문지식과 기술을 사이버전, 군사행정, 물류 지원, 교육 분야에서 활용할 수 있다. 둘째, 초고령화 사회에서 일자리 다양화에 기여하며 국가의 사회복지 제도로 활용할 수 있다는 점을 강조한다.

반면에 반대 측 의견은 다음과 같다.

첫째, 고도의 체력과 신체적 활동을 요하는 군복무를 시니어들이 과연 해낼 수 있을지에 대한 의문을 제기한다. 둘째, 우크라이나-러시아 전쟁에서 보듯 병사들이 아닌 드론 같은 첨단 무기가 주가 되는 현대전에서 이에 맞는 기술과 훈련습득의 속도에서 젊은 병사들에 비해 상대적으로 더디기 때문에 군 전체의 효율성과 응집성을 저하시킬 수 있다는 점을 지적한다. 마지막으로 세금 낭비 문제를 제기했다.

하지만 시니어 아미는 우선 피할 수 없는 저출생으로 인한 병력자원의 부족문제 해결과 고도의 기술과 신체 능력이 필요하지 않은 분야에서의 활용 측면에서 매력적인 대안이 될 수 있다. 예컨대, 일부 주한미군 부대의 경우도 경계업무에 외주 인원들을 채용해 활용하고 있다는 것도 참고할 만하다.

둘째, 노인 일자리 문제해결에서도 대안이 될 수 있다. 전문 기술과 체력능력과 상관없이 아파트 경비, 단순 노무직, 공공

근로 등의 천편일률적인 노인 일자리에서 벗어나 직종의 다양화에 대한 방안이 될 수 있다. 셋째, 시니어 아미를 현재의 의용소방대처럼 활용하면 된다. 의용소방대는 소방관이 아닌 일반인이 소방업무를 보조하는 기관이다. 시니어 아미를 화재 등 재난 상황 시 소집되는 의용소방대처럼 시스템화하여 활용하면 군 운영에 큰 도움이 될 수 있다.

우리나라는 4강에 둘러싸인 반도 국가이다. 세계정세는 급변하고 있고 이런 상황에서 어떻게든 우리는 휘말리는 전쟁보다는 항구적인 평화를 목표로 해야 한다. 그러기 위해선 강한 국방억지력과 냉철한 판단력이 필수라고 할 수 있다. 또한 현대 전쟁은 양으로만 승부하는 인해전술식의 전략이 아니라 드론과 로봇의 활용, 전투기와 미사일 정밀 폭격 등의 최첨단 기술전략 중심의 질적 전쟁으로 변해가고 있다.

따라서 우리나라도 이에 맞게 군대 운영을 징병 병사 중심이 아닌 직업 간부 중심과 최첨단 기술전을 위한 방향으로 재구조화할 필요가 있다. 물론 그동안 미흡했던 병력자원의 인건비 인상도 필요하지만 좀 더 거시적이고 글로벌한 국제정치 관점에서 군대 운영의 묘를 살리고 장기적인 로드맵을 다시금 재검토하고 수립하는 것이 필요한 시기라고 할 수 있다.

4. 딥페이크(Deepfake) 성범죄를 근절해야 한다![40]

최근 딥페이크(Deepfake) 문제가 크게 부각되고 있다. 딥페이크란 인공지능의 핵심 기술인 딥러닝(Deep Learning)과 가짜(Fake)의 합성어로 인물사진이나 영상자료를 이용해 특정 얼굴이나 신체 등을 합성하는 AI 컴퓨터그래픽 기술이다. 딥페이크 성범죄는 신상 정보를 도용하거나 사회관계망서비스(SNS) 계정의 사진에서 얼굴 부분만 추출한 뒤 AI 기술을 활용해 음란물에 합성하는 범죄다. 딥페이크 성범죄의 시작은 2017년 미국의 '레딧'이라는 온라인 커뮤니티에 'Deepfakes'라는 아이디의 회원이 음란물에 미국 유명 여배우를 합성한 영상으로 알려져 있다.

2021년 전국을 떠들썩하게 했던 서울대 딥페이크(N번방) 사건은 서울대 출신인 박모 씨와 강모 씨 등이 텔레그램으로 대학 동문 등 여성 수십 명의 사진을 음란물과 합성해 제작·유포한 사건이다. 전국에서 관련 범죄가 잇따라 적발되고 있다. 부산에서는 중학생 4명이 AI 기술을 이용해 여학생과 여교사 20명의 불법 합성물을 직접 만들어 SNS 채팅방에 공유한 사

40) 2024. 9. 26. 뉴스경남 오피니언.

건이 발생했다.

전남경찰청 사이버범죄수사대는 인스타그램 등 SNS에 공개된 여성의 사진을 합성해 딥페이크 음란물을 제작·유포한 피의자를 추적 중이며 충북 충주경찰서는 또래 여학생 얼굴에 음란물을 합성한 사진을 만들고 공유한 혐의로 고교생을 조사하고 있다.

조사에 의하면 증가하는 딥페이크 영상 피의자는 대부분 10대 청소년들이다. 올 7월까지 딥페이크 성착취 범죄 신고는 전국에서 총 297건이 접수됐다. 입건된 피의자 178명 중 10대가 131명(73.6%)으로 가장 많았다. 20대 36명(20.2%), 30대 10명(5.6%) 순이었다.

이렇게 딥페이크 성범죄가 증가한 이유 중의 하나는 제도가 미비하기 때문이다. 딥페이크 성범죄 영상을 제작해도 실형을 선고받는 경우가 드물고 단순 시청이나 소지한 경우는 처벌 대상도 아니다. 딥페이크를 제작 또는 소지한 사람도 '유포할 목적'이 입증되어야 처벌할 수 있다 보니 쉽게 법망을 벗어날 수 있는 것이다.

한편 한국이 딥페이크 성착취물에 가장 취약한 국가라는 해외 보안 업체 조사 결과가 나왔다. 미국 사이버 보안 업체 '시큐리티 히어로'가 2023년 7~8월 딥페이크 사이트 등에 올라온 영상물 9만 5820건을 분석했더니 성착취물에 등장한 개인 중 53%가 한국인이었다는 것이다. 피해자 중 미국인이 20%로 둘째로 많았는데 한국과 격차가 컸다. 특히 성착취물의 최다 표적이 된 10명 중 8명이 한국 가수였다고 한다. 영화 '살인의 추억'을 보면 송강호가 "여기가 강간의 왕국이야?" 하는 장면이 나온다. 이제는 한국이 딥페이크의 온상처럼 여길지도 모른다. K-POP으로 대변되는 K-문화가 딥페이크로 인해 부정적 이미지로 변화될까 심히 우려스럽다.

딥페이크 성범죄 근절을 위해서는 어떻게 해야 할까?

첫째, 처벌을 더 강화해야 한다. 아동 성착취물이나 불법촬영 성착취물은 제작·유포자뿐 아니라 시청자나 소지자도 처벌하는 것으로 관련법을 강화해야 한다. 외국은 딥페이크에 대해 강하게 대처하고 있다. 텔레그램은 유명 정치인들이 쓰는 채팅 앱이라고만 알려져 있지만 N번방 사건을 계기로 대중들에게 널리 퍼지게 되었다. 프랑스는 최근 이러한 텔레그램을 만든 러시아 출신 최고경영자(CEO) 파벨 두로프를 체포했다. 영국 법무부는 2024년 4월부터 딥페이크 음란물을 만들기만 해도 유포 여부와 관계없이 처벌한다. 우리나라도 좀 더 강한 처벌제도가 필요할 것으로 보인다.

둘째, 디지털 윤리교육을 강화해야 한다. 피의자 중 청소년 비율이 압도적인 만큼 이들에 대한 학교와 가정, 사회의 지도와 관심이 절실하다. 청소년들이 성에 대한 올바른 인식을 갖도록 하는 것은 물론 성 관련 범죄의 심각성을 깨우치도록 지도해야 한다. 마침 한국과학창의재단에서 '찾아가는 학교컨설팅 사업'을 진행하기에 이 사업에서 디지털 윤리를 강조하는 방향으로의 연수를 더 중점으로 추진해야 할 필요성이 있어 보인다.

셋째, 정부와 국회가 더 적극적으로 나서야 한다. 우리 국회는 그동안 정쟁으로 인해 관련 입법을 방기해 왔다. 그러다가 '전 세계적 문제의 진앙'이라는 지적까지 받게 됐다. 지금이라도 정부와 국회가 관심을 가지고 관련 제도를 보완해야 한다.

자기 얼굴에 나체사진이 합성된 '딥페이크' 사진과 함께 공개된 신상 정보를 보고 느낄 수 있는 감정은 극도의 공포다. 친절했던 지인 또는 익명인이 나를 벌거벗겨 능욕할 수도 있다. 일상을 공유하는 SNS가 위험한 곳이고 AI라는 최첨단 기술이 범죄에 악용될 수 있다는 현실을 자각하고 딥페이크 성범죄를 근절하는 데에 모든 사회가 집중해야 한다.

5. 혁신적인 개각을 기대해 본다![41]

윤석열 전 대통령이 지지율 하락세를 반등시킬 카드로 개각을 구상 중이었다고 한다. 물론 개각을 한다고 해서 지지율이 상승했을지는 잘 모르겠지만 참신하고 역량 있는 인사를 통해 국가 정책에서의 분위기 쇄신과 신선한 자극을 주는 역할을 했으면 좋겠다. 일각에서는 22대 국회의원 선거에서 낙선한 인물들의 돌려막기 인사를 한다는 얘기도 있지만 그건 아니었으면 한다.

2024년 5월 러시아는 전쟁 중에 국방장관을 군 출신이 아닌 경제전문가인 안드레이 벨로우소프를 임명했다. 장기전을 대비하고 막대한 국방비를 경제 분야로 넓히며 혁신을 촉진하려는 목적과 더불어 창의력과 추진력에서 높은 평가를 받아 임명했다고 한다.

프랑스는 2002년 미셸 알리오 마리를 최초의 여성 국방장관으로 임명했다. 또한 플로렌스 파를리의 여성 정치인은 2017년부터 2022년까지 역시 여성 국방장관으로 재임했다.

독일은 2013년 독일 최초의 여성 국방장관으로 폰데어라이

41) 2024. 6. 13. 뉴스경남 오피니언.

엔을 발탁했고 2019년에 그 후임에도 여성 정치인인 안네그레트 크람프-카렌바우어를 임명했다.

국방에서 문민통제 전통이 강한 유럽에서는 여성 국방장관이 상당수 있다.

국방장관은 예산·인사·보급 등 군 행정에 관한 군정권과 함께 작전명령을 내릴 수 있는 군령권을 갖는다. 군령권이 있다고 국방장관이 군사 작전을 짜고 명령하는 것은 아니다.

합참의장을 비롯한 군 지휘관이 세부적 내용을 챙기면 된다. 국방장관은 더 큰 그림을 그리는 게 주요 임무다. 50만 병력과 50조 원 국방비를 관리하는 행정부의 책임자이자, 국가안전보장회의(NSC)의 참석자로 국가 외교안보의 한 축을 담당한다.

익명의 군 관계자는 "군인 출신 국방장관은 출신 군과 병과를 외면할 수 없다. 그러다 보면 군 내부 타협에 따라 전력증강 사업이 '나눠먹기'로 끝날 수 있다.

세상은 달라졌다. 문민 국방장관과 군 지휘관의 역할 분담은 더 나은 국방정책을 세우고 집행하는 데 도움을 줄 수 있다. 청와대가 국방장관 역량을 갖춘 민간인을 찾지 못했다면 진영 논리로 좁아진 인재풀을 탓해야 한다.

6. 주한미군 철수와 한국 핵무장론[42)]

2024년 11월 미국 대선을 앞두고 공화당 대선 후보였던 도널드 트럼프 대통령과 측근들이 주한미군 철수를 언급했다. 주한미군의 방위비 인상을 압박하려는 고도의 '거래 전략'일 수도 있지만 우리나라 안보에 결정적 영향을 미칠 미국의 전략변화에 대비할 필요도 있어 보인다.

최근 엘브리지 콜비 전 미국 국방부 전략·전력 개발 담당 부차관보는 언론과 인터뷰를 통해 미국이 중국이 아닌 북한을 해결하기 위해 한반도에 미군을 인질로 붙잡아 둬서는 안 된다고 말하며 주한미군 철수를 주장했다. 콜비 전 부차관보는 트럼프 대통령이 재선하면서 백악관 국가안보보좌관 후보로 거론되는 국방전문가이다.

트럼프 대통령도 2024년 4월 말 타임 인터뷰에서 부자 나라인 한국을 지켜줄 필요가 없다는 말로 주한미군 주둔에 부정적 입장을 보였다. 트럼프 대통령과 측근들이 주한미군 철수를 시사했던 것은 우선은 '부담 분담' 차원에서 한국에 더 많은 방위비 분담금을 요구했던 것으로 해석된다. 트럼프 대

42) 2024. 5. 16. 뉴스경남 오피니언.

통령이 과거 재임 시기에 한국의 방위비 분담금 대폭 인상을 압박하고 북대서양조약기구(NATO)에 더 큰 군사비 지출을 요구했던 것과 마찬가지의 협상 전략의 측면이다.

국제현실은 냉혹하다. 역사를 보면 미국은 우리나라를 두 번이나 버렸던 나라다. 가쓰라·태프트 협정이 첫 번째이고 애치슨 선언이 두 번째이다. 미국이 우리나라를 버린 것이 직접적 원인이 아닐 수는 있으나 첫 번째 버림으로 일제강점기를 겪었고 두 번째 버림으로 6.25 전쟁을 겪었다. 국익을 위해 두 번이나 우리나라를 버린 미국이 세 번 버리지 않으리란 보장이 없다.

바뀐 국제현실 속에서 미국이 북한보다는 중국을 견제할 목적으로 주한미군을 두고 있다는 것은 여러 보고서에서 확인할 수 있다. 또한 미국 의회가 2019년 국방수권법을 통해 주한미군 규모를 대통령이 임의로 감축하지 못하도록 하는 내용이 통과되었다는 점은 트럼프 대통령의 마음대로 주한미군 철수나 감축을 하는 것이 쉽지 않다는 것을 보여준다.

콜비 전 부차관보는 미국은 가장 큰 위협인 중국을 상대하는 데 힘을 집중하고 북한에 대한 위협은 한국이 스스로 대응하도록 해야 한다고 주장하고 있다. 특히 콜비 전 부차관보는 이른 시기에 한국군으로 전시작전권(OPCON)을 이양해야 한다고 말한다. 우리나라 보수 진영에서 반대해 온 전시작전권 전환을 오히려 미국 보수 진영은 강하게 요구하고 있다. 또한 그는 북한위협의 대비 방안으로 한국의 핵무장을 배제하지 않는다고도 했다.

이러한 미국 공화당의 트럼프 대통령과 측근들의 주한미군 철수, 핵무장의 용인, 전시작전권 이양 반환 요구를 오히려 자주국방력 제고의 기회로 삼아야 할지도 모른다. 주변국인 중국, 러시아는 기존의 핵보유국이고 북한은 실질적 핵보유국이다. 일본은 핵무기 원료인 재처리된 플루토늄과 기술을 보유하고 있다.

자주국방력 제고는 국익에 해당되므로 여야가 따로 있을 수 없다. 과거 박정희 전 대통령의 '번개 사업'을 통한 핵무기 개발 노력이 있었고 노무현 전 대통령도 강력한 자주국방 정책을 펼쳤었다. 나라를 지킬 무기를 스스로 개발하고 나라를 지킬 작전권을 스스로가 가지고 있어야 하는 것은 너무나도 당연하다. 언제까지 남에게 전쟁이 나면 우리를 지휘해 주고 지켜 달라고 할 수는 없다. 현실적으로 당장 핵무장이 쉽지 않다면 유사시를 대비해서 일본처럼 플루토늄이라도 보유해야 한다. 물론 국방의 문제는 정치, 경제, 외교 등 모든 것과 연결되어 있다. 따라서 국익을 최우선으로 두고 현재의 일방적인 편향 외교가 아니라 국익을 위한 실리적 다자외교에 대해 긍정적으로 검토해 볼 필요가 있다.

7. 푸바오와 판다 외교의 미래는 어떻게 될까?43)

경기도 용인이 고향인 최초의 한국산 판다 푸바오가 최근 중국으로 돌아갔다. 암울한 코로나19 시절 많은 희망과 기쁨이었던 '푸바오 앓이'에 빠진 많은 국민들은 이별의 아쉬움으로 허탈해했다. 이에 하나투어는 중국 판다 기지 관람 여행상품을 출시했다. 또한 지난 8일에는 서울시가 운영하는 시민참여 플랫폼 '상상대로 서울'에 김모 씨는 푸바오를 다시 우리나라로 유료로 임대하자는 제안을 올렸다. 서울시는 이 제안을 대상으로 다음 달 8일까지 공감투표가 진행되고 투표가 종료되면 서울시의 관계부서는 검토 후 답변을 내놔야 한다.

판다는 단순한 동물이 아니다. 1970년대부터 시작된 중국의 판다 외교는 전 세계를 사로잡으며 국가 간 관계에 영향을 미치는 강력한 '소프트 파워'로 자리 잡았다. 판다 외교의 역사는 어떻게 시작되었을까? 1972년에 리처드 닉슨 미국 대통령의 중국 방문을 계기로 중국은 '판다 외교'를 본격화한다.

1941년에는 장제스 총통의 부인인 쑹메이링 여사가 미국에 판다 한 쌍을 선물하며 현대 판다 외교의 시발점을 마련한다.

---

43) 2024. 4. 18. 뉴스경남 오피니언.

1957년부터 1982년까지 중국은 9개국에 총 23마리의 판다를 선물했다.

이러한 판다 외교도 변화가 생겼다. 바로 임대 방식의 도입이다. 1984년에 중국은 판다를 선물하는 방식에서 임대하는 방식으로 전환한다. 현재는 대부분의 해외 판다는 연간 50만~100만 달러의 임대료와 새끼 판다당 20만 달러 이상의 추가 비용을 지불하는 방식으로 관리된다.

판다 외교의 영향력은 어디까지 미칠까? 판다는 국가 간 우호 관계를 상징하며, 경제적 이익과 정치적 영향력 확보에도 활용된다. 2011년에 스코틀랜드 에든버러에 보낸 판다는 양국 간 투자 협정의 대가로 주어졌다는 분석이 있다. 2012년에 프랑스는 중국의 원전 협력 요청에 응하면서 판다 한 쌍을 받았다. 2019년에 덴마크는 북극 항로 개척 및 북극 개발 협력을 위해 판다 한 쌍을 받았다.

이러한 판다 외교도 위기를 맞았다. 악화되는 중국-서방과의 관계 때문이었다. 2010년에 미국과의 갈등으로 인해 중국은 워싱턴 D.C. 동물원에 있던 판다 한 쌍의 귀환을 결정했다. 2022년에는 미국, 유럽 등에서 많은 판다들이 중국으로 돌아갔다. 일부에서는 이를 '징벌적 판다 외교'로 해석하며 악화된 중국-서방 관계를 반영하는 사건으로 보고 있다.

위기를 맞았던 판다 외교의 장밋빛 미래는 다시 시작될 수 있을까? 비교적 최근인 2024년 2월에 중국은 미국에 판다 한 쌍을 보내고 유럽 국가들과도 추가 협상을 진행하고 있다.

시진핑 국가 주석은 “판다 귀환을 매우 고대하는 캘리포니아 주민들의 목소리를 알고 있다”고 언급하며 판다 외교 재개 가능성을 시사했다.

다수의 전문가들은 판다 외교 재개가 미중 관계 개선의 계기가 될 수 있다고 분석한다. 판다 외교는 단순한 동물 교류를 넘어 국제 관계에 영향을 미치는 중요한 외교 전략이다. 앞으로 판다 외교가 어떻게 전개될지는 중국과 서방 국가들의 관계에 따라 달라질 것으로 예상된다.

당분간 우리 푸바오는 중국에서 적응 생활을 거치고 아마 프랑스산 위안멍을 신랑(?)으로 맞이하고 신혼 생활을 할 것으로 보인다. 허망한 정치와 무한경쟁이 판치는 세상보다는 베이비 스키마로 무장된 푸바오가 국민들에게 더 위안을 주는 세상이 되어버렸다. 재계에서는 최근 중국과의 성공한 거래는 푸바오밖에 없다는 우스갯소리가 나오기도 했다. 서울시 공감투표의 많은 지지, 중국과의 현명한 정치·외교적 협상으로 서울대공원에서 다시 푸바오를 볼 수 있는 날이 오기를 손꼽아 기다려본다.

8. 괴뢰라 말하면서 통일로 나아갈 수 있을까?[44]

2023년 중국 항저우에서는 아시안게임이 한창이었다. 지난 10월 2일에는 우리나라와 북한과의 여자축구 8강전이 있었다. 이날 북한의 조선중앙TV는 축구 경기를 보도하면서 경기 영상 자막에 우리나라 국가명을 '괴뢰'라고 표기했다.

괴뢰는 허수아비 괴(傀), 꼭두각시 뢰(儡)로 표현되며, 표준국어대사전에는 '남이 부추기는 대로 따라 움직이는 사람을 비유적으로 이르는 말'이라고 되어 있다. 괴뢰국가는 '겉으로는 독립된 국가의 모습을 하고 있으나 실제로는 남의 나라에 종속되어 있는 국가'라고 되어 있다. 우리나라를 자주 독립국가가 아닌 미국에 종속되어 미국이 하라는 대로 하는 꼭두각시 국가로 표현한 것이다.

이는 다음의 두 가지 점에서 우려할 만한 문제라고 할 수 있다.

첫째, 정치적 문제를 스포츠에까지 가져온 점이다. 아시안게임은 아시아에 속해 있는 국가의 대표선수들이 정정당당하게 겨루는 운동경기이다. 이번 아시안게임은 정치적 선전장이 아

---

44) 2023. 10. 11. 양산신문 오피니언.

니며 악의적 의도를 가진 프로파간다(propaganda)를 선동하는 곳이 아니다. 정치와 스포츠는 철저히 분리될 필요가 있다.

둘째, 한반도에서의 안정이 아니라 갈등을 부추긴다는 점이다. 그동안 북한은 국제적인 스포츠 대회에서 우리나라를 '괴뢰'라고 칭하기보다는 '남조선'이라는 용어를 주로 사용해 왔다. '북한', '북조선' 표현에는 그리 민감하게 반응하면서 그동안 우리에게 사용해 왔던 '남조선'이 아닌 '괴뢰'라고 표현하는 것은 모순처럼 보인다. 이는 결국 남북 간 관계만 더 경색시킬 뿐이다.

지난 2000년 6월 15일에는 김대중 전 대통령과 김정일 국방위원장이 공동으로 합의한 6.15 남북공동선언이 있었다. 그 첫 번째 합의 내용을 보면 "남과 북은 나라의 통일 문제를 그 주인인 우리 민족끼리 서로 힘을 합쳐 자주적으로 해결해 나가기로 하였다."라고 되어 있다. 여기에서 보면 서로 통일을 지향하는 것은 공통적인 것이다. 이러한 통일의 전제조건은 서로를 비난하는 것이 아닌 온전하게 인정하는 데 있다.

북한은 의도를 가지고 우리나라를 '괴뢰'라고 했겠지만 통일을 지향하는 파트너의 자세는 아닌 것 같다. 최근 통계를 보면 우리나라 미래를 이끌어갈 MZ세대는 통일보다는 현 상태 유지를 더 선호하는 것으로 나온다. 점점 더 통일이 멀어져 가는 것 같아 안타까울 뿐이다. 언제까지 이렇게 불안한 상태로 살아야 하는가?

9. 북한 김정은의 2개 국가론에 대한 통일부와 국정원의 대응 방안은 무엇인가?[45]

김정은은 2024년 연초에 2개 국가론을 제시하면서 대남노선을 근본적으로 전환했다. 이러한 김정은의 의도에 관심을 가지고 현명하고 적극적인 대응을 할 필요가 있다.

2개 국가론은 한반도에 현재 존재하는 대한민국과 조선민주주의인민공화국이라는 두 개의 국가를 인정하고, 이 두 국가가 평화 공존하며 연방제 또는 남북연합과 같은 형태로 느슨하게 협력하는 방안을 지지하는 통일 방안이었다. 이러한 2개 국가론을 제일 먼저 제기했던 이는 아이러니하게도 북한의 김정은이 아니라 남한의 박정희이다. 그는 1973년 6.23 선언을 발표하면서 "통일에 장애가 되지 않는다면 남북한 동시 유엔가입에 반대하지 않는다"라고 하여 1991년에 한반도에 국제법상 2개 국가가 되는 걸 용인했다.

그럼에도 1992년 남북기본합의서를 통해 '남북관계는 통일을 지향하는 과정에서 잠정적으로 형성되는 특수관계'로 규정하며 1개 국가론을 지향했다.

그 당시 서로 잠정 합의한 현실적인 2개 국가론의 주요 내용

---

45) 2024. 5. 2. 뉴스경남 오피니언.

은 첫째, 한민족의 동질성을 인정하지만, 현재 상황에서는 하나의 국가로 통일하기 어렵다는 인식이 바탕이 됐다.

둘째, 남북의 평화 공존과 협력을 우선시하여 군사적 대치 해소, 경제교류 확대, 인적교류 활성화 등을 통해 남북 관계를 개선하는 것이다. 장기적으로는 연방제 또는 남북연합과 같은 형태로 느슨하게 협력하며 통일을 추구하는 것을 의미한다.

셋째, 다양한 통일 방안에 대한 개방성을 의미했다.

대한민국 정부는 2개 국가론을 공식적인 통일 방안으로 채택하지 않았다. 1988년 7.4 남북 공동 성명에서 "한 민족 한 국가"의 원칙과 2000년 6.15 남북 공동선언에서 "한반도의 평화적 통일"을 목표로 설정한 것, 2018년 4.27 판문점 선언의 남북 정상회담 합의문을 통해 완전한 비핵화와 평화 체제 구축 약속을 보면 그러했다.

하지만 최근 북한의 태도 변화와 윤석열 정부의 대북강경책으로 인한 남북 관계 악화로 인해 2개 국가론에 대해 남북 간에 재개념화가 이뤄지는 것으로 보인다.

특히 김정은 북한 국무위원장은 2019년 3월 선전일꾼에게 보낸 서한에서 "남북은 영원히 대립해야 하는 운명"이라 하고 2020년 6월에는 남북 공동연락소를 폭파하는 등의 남북 합의를 무시하는 지속적 행보를 통해 급기야는 2개 국가론을 필두로 한 대남 노선의 근본적 전환으로 한반도를 심각한 위험에 빠트리고 있다.

그러면 김정은의 2개 국가론에 대해 주무부처인 통일부와 국정원은 어떻게 대응하고 있나? 통일부는 개점 휴업상태처럼 보인다. 김영호 통일부 장관은 인사청문회에서 통일교육 기능 강화를 추진하겠다고 했는데 평소에 김정은 정권타도와 북한 체제 파괴를 주장해 온 것을 보면 어떤 통일을 지향하는지 정체성의 혼란마저 든다. 통일교육기능이 미흡해서 젊은 세대의 통일인식이 부정적으로 변한 건 아니다.

국정원(NIS)도 마찬가지다. 장기적인 대북전략의 방향성을 잃어버린 채 기존의 시긴트(SIGINT), 이민트(IMINT) 확대에만 힘을 쏟고 있다. 그러나 시긴트, 이민트는 엄밀히 말해 미국을 넘어서기 어렵다. 오히려 우리만의 강점인 휴민트(HUMINT)를 고도화하는 데 집중하는 것이 필요하다.

안타까운 것은 이러한 휴민트의 약화 또는 소멸가능성을 배제하지 못한다는 것이다. 평화통일을 위한 대북로드맵의 고민은 정부가 아니라 전문가 집단이 해야 한다. 대한민국의 미래 안보를 위한 골든 타임을 놓치기 전에 지금이라도 전문가들이 모여 로드맵 재정립을 면밀하게 숙고해 볼 때다.

10. 국회의원 선거에서 고향은 어느 정도의 변수로 작용할까?[46)]

2024년 4월에 22대 국회의원 선거가 실시됐다. 2024년 4월 5일(금요일)과 6일(토요일)에는 사전투표가 진행됐고 2024년 4월 10일에는 본 선거가 진행됐다. 실질적으로 국회의원 선거 투표는 3일 동안 할 수 있다. 이처럼 22대 국회의원 선거에 도움을 주고자 각자의 집으로 선거 홍보물이 배달되었다. 배달된 선거 홍보물을 보면 국회의원 후보자들은 출생지를 기록한다. 즉 고향이다.

고향(故鄕)의 사전적 의미를 찾아보면 다음과 같이 세 가지 개념으로 정의하고 있다. 첫째, 자기가 태어나서 자란 곳이다. 이는 출생지랑 동의어로 사용된다. 둘째, 조상 대대로 살아온 곳이다. 셋째, 마음속에 깊이 간직한 그립고 정든 곳이다. 이 세 가지 개념 중에서 선거용으로 사용하는 것은 첫째의 개념으로 보인다. 조상 대대로 살아온 곳인지를 선거 홍보물에서 확인하는 것은 쉽지 않고 마음속에 깊이 간직한 그립고 정든 곳인지도 확인하기가 어렵기 때문이다.

선거 권역 중 수도권은 투표를 결정할 때에 비교적 고향에

46) 2024. 4. 4. 뉴스경남 오피니언.

얽매이지 않고 정당이나 혹은 인물, 정책을 보고 투표하는 것으로 보인다. 이는 전 국민 중 거의 반절 가까이가 수도권에 거주하며 수도권 거주자 중 상당수는 원래 고향이 지방인 사람이 많아서 그러하기도 한 것 같다. 수도권에 취업이나 학업으로 간 것이 원인이 되어 아예 거기서 눌러사는 경우가 많기 때문이기도 하다.

하지만 지방은 여전히 투표를 고려할 때 어느 정도는 고향을 고려하는 것 같다. 어차피 다 모르는 사람이라면 고향 사람을 찍는 것이 안전하다고 생각해서 그런 것일까? 실질적 선거운동 기간이 비교적 길지 않고 선거구 획정이나 공천도 거의 마감 직전에 완료되는 정치 풍토 때문인 건지 정확한 이유는 잘 모르겠다.

한편 이번 공천은 유독 단수 공천이 많았던 것 같다. 통계적으로는 정확하진 않지만 민주당이나 국민의힘 공천을 보면 경선보다는 단수 공천을 선호했던 것으로 보인다. 이는 같은 당에서 경선을 하면, 경선 과정에서의 갈등으로 인해 쉽게 화해가 되지 않아 경선 결과 후에 이뤄지는 선거운동 기간 중에 실질적으로 도움을 주지 않거나 심지어 나중에 다른 당 후보를 지지하는 역선택을 하는 경우가 있기 때문인 것으로 해석된다.

앞으로의 선거에서는 홍보물에 고향은 가급적 기재하지 않았으면 좋겠다. 일부 국회의원 후보 중에는 출생만 그 지역에서 하고 학교와 취업, 생활은 다른 지역에서 한 경우도 상당히 많은 것으로 나온다. 그렇다면 결국 고향은 선거용으로 이용만 하는 것 아닌가? 더군다나 부모님마저 돌아가셨다면 더더욱 그렇다.

차라리 고향이란 뜻이 이제는 국어사전의 세 번째 개념으로 재개념화되었으면 좋겠다. 단순히 태어난 곳이 아니라 가장 살고 싶고 오래 살았고 마음속에 깊이 간직한 그립고 정든 곳이 고향이란 개념이었으면 좋겠다. 스페인어로 '케(퀘)렌시아[Querencia]'와 같은 개념이다. 케렌시아의 뜻은 원래 마지막 일전을 앞둔 투우장의 소가 잠시 쉴 수 있도록 만든 곳을 의미한다.

매일 무한경쟁에 허덕이며 일상에 지친 우리 국민에게 고향이 케렌시아 같은 재충전의 공간이면 좋을 것 같다. 이런 의미의 고향이라면 선거에서도 활용하는 게 의미가 있을 것 같지만 이번 선거에서는 너무 이른 것 같고 이런 정치 풍토에서 과연 그런 날이 쉽사리 올 것 같진 않다.

11. 일본 총리의 막말과 한일 관계, 역사 인식의 민낯

일본에서는 차기 총리를 향한 경쟁이 달아오르고 있었다. 이는 단순한 국내 권력 투쟁이 아니다. 내각총리대신으로 선출된 다카이치 사나에 총리는 과거 "한국이 기어오른다"는 발언으로 논란을 빚었다. 이러한 언사는 단순한 정치적 수사가 아니라 일본 정치 지도층의 역사 인식과 외교 감수성이 얼마나 결여되어 있는지를 드러낸다.

다카이치 총리는 아베 전 총리의 정치 노선을 계승하며, 야스쿠니 신사 참배를 매년 반복할 예정이다. 이는 개인 신앙 행위의 범주를 넘어 과거 전쟁 범죄와 일본의 역사적 책임을 외면하고 미화하는 상징적 행위다. "총리가 돼도 참배하겠다"는 선언은 일본이 국제사회에서 요구하는 역사적 책임 의식을 무시하고, 주변국과의 신뢰를 경시하는 태도를 단적으로 보여준다.

선거 경쟁자였던 고이즈미 신지로 후보 역시 발언과 행보에서 경솔함을 보였다. 기후변화 문제를 '펀(Fun), 쿨(Cool), 섹시(Sexy)'하게 다뤄야 한다고 한 발언은 경쾌해 보일 수 있지만, 정치인의 언어는 국제사회에서 정책 신뢰와 직결된다. 신중하지 않은 발언은 일본의 입지를 약화시키고, 동아시아 외교 환경을 불안정하게 만들 수 있다. 근본적인 문제는 일본 정치 구조에도 있다. 내각제에서 여당 대표가 총리가 되는 구조는 극우적 역사 인식과 정치적 선호가 다수당 안에서 그대로 정책 결정권으로 이어질 수 있는 환경을 허용한다. 역사 문제와 외교적 신중함보다 정치적 전략이 우선되는 구조에서 한일 갈등은 쉽게 해소되기 어렵다.

우리나라는 이러한 일본 정치 상황을 단순히 비판만 해서는 안 된다. 중요한 것은 유연한 대응 전략이다. 일본 지도자의 막말과 극우적 행보가 드러날 때는 단호하게 역사적 책임을 요구하고, 국제적 압박을 강화해야 한다. 동시에 일본 내 합리적·협력적 정치세력이 정책적 주도권을 보이는 상황에서는 동아시아 평화와 경제 협력 등 실질적 협력을 모색할 필요가 있다. 단호함과 협력을 상황에 맞게 조절하는 외교적 유연성이 한일 관계를 안정시키고, 역사 문제 해결을 위한 환경을 조성할 수 있다.

이번 총리 후보 선거는 일본 정치가 과거사 문제를 얼마나 정치적 수단으로 소비하는지 보여주는 시험대였다. 우리나라는 단순히 발언을 비판하는 수준을 넘어 역사 인식과 외교적 책임을 지속적으로 요구하고, 일본의 상황에 따라 전략적 유연성을 발휘해야 한다. 역사와 외교를 가벼이 다루는 정치인에게 권력을 맡기는 순간, 한일 간 신뢰와 동아시아 평화는 쉽게 훼손될 수밖에 없다.

우리나라의 외교는 일본의 극단적 발언과 행동에 대응하면서도 장기적으로 협력 가능한 경로를 모색하는 이중적 전략을 가져야 한다. 단호한 요구와 실질적 협력을 병행하는 유연성만이 반복되는 갈등 속에서도 한일 관계를 안정시키고, 동아시아의 평화와 신뢰 구축을 가능하게 한다. 일본 지도자의 발언과 행동이 국내 정치에 국한되지 않고 국제적 파장을 갖는다는 사실을 인식하며, 우리나라는 냉철한 전략과 책임 있는 외교를 지속해야 한다.

12. 굴욕 외교의 끝, 약속을 저버린 일본의 이중성에 침묵할 수 없다

지난해에 이어 올해도 '반쪽짜리'로 진행된 사도광산 조선인 희생자 추도식은 일본 정부의 기만적인 태도를 다시 한번 확인시켜 주었다. 일본은 사도광산을 유네스코 세계문화유산으로 등재하는 과정에서 조선인 강제노동의 역사를 반영하겠다고 약속했다. 그러나 그 약속은 공허한 메아리가 되었다. 추도식에서조차 '강제 노역'이라는 표현조차 쓰지 못하게 하는 일본의 행태는 피해자들에 대한 최소한의 예의마저 저버린 것이다.

우리는 억지로 역사를 왜곡하려는 일본 정부의 시도에 분노한다. 조선인들이 의사에 반해 끌려가 비참한 환경에서 강제 노역을 했다는 것은 명백한 역사적 사실이다. 그럼에도 불구하고 일본 정부는 추도사에서 그 '강제성'을 인정하는 표현을 거부했다. 이는 단순히 단어 하나를 두고 벌이는 논쟁이 아니다. 이는 일본이 과거의 잘못을 진정으로 반성하고, 피해자들을 온전히 추모할 의지가 없음을 보여주는 명백한 증거다. 외교부 관계자가 언급했듯이, 강제노동의 역사가 적절히 표현되지 않는 추모는 그 격을 갖출 수 없다. 일본 정부는 약속을 지키기는커녕, 역사를 다시 한번 지우려 시도하고 있는 것이다.

더욱 실망스러운 것은 일본 정부 대표의 격이 지난해 차관급에서 올해 국장급으로 낮아졌다는 점이다. 이는 일본이 이 문제를 얼마나 가볍게 여기는지, 얼마나 성의 없이 대하고 있는지를 보여주는 단적인 예다. 외교적 관계 개선이라는 대의명분 아래, 우리나라 정부가 일본에 계속 양보해 왔던 배경을 무색하게 만드는 태도다. 이처럼 일본은 중요한 외교적 사안에 대해선 형식적인 태도를 취하고, 자국의 이익이 걸린 문제에만 적극적으로 나서는 이중적 태도를 보이고 있다. 이는 단순히 추도식에 대한 성의 부족을 넘어서 한일 관계 전반에 대한 일본의 진정성을 의심하게 하는 대목이다.

일본이 사도광산을 유네스코 세계문화유산으로 등재하려 할 때, 우리는 역사적 진실을 인정하겠다는 약속을 믿었다. 그러나 그 약속은 등재를 위한 일시적인 수단에 불과했다는 것이 드러났다. 역사를 잊은 민족에게 미래는 없다는 말이 있다. 이는 가해자인 일본에게도 마찬가지다. 일본이 진정으로 아시아의 책임 있는 국가로 거듭나려면, 과거의 잘못을 직시하고 피해자들에게 진심으로 사과해야 한다. 약속을 저버리고 역사를 왜곡하는 행위는 결국 일본의 신뢰를 깎아내리는 자충수가 될 뿐이다.

더 나아가 우리나라 정부 역시 이제는 단순한 외교적 수사나 의례적 항의에 그쳐서는 안 된다. 일본의 태도 변화를 이끌어내기 위해 국제사회와의 공조를 강화하고, 유네스코를 비롯한 국제기구에서 적극적으로 문제를 제기해야 한다. 일본의 왜곡된 역사 인식은 한일 간의 양자적 문제를 넘어 인류 보편적 가치와도 충돌하는 사안이다. 그렇기에 우리나라는 피해자의 목소리를 대변하는 당사국으로서 책임감을 가지고 대응해야 한다. 이제는 굴욕적인 양보가 아닌, 당당한 목소리로 역사적 진실을 요구해야 할 때다.

13. 이중 잣대의 딜레마: 미국인의 불법 취업, 더 이상 용납할 수 없다

최근 미국 조지아주에서 한국인 기술자들이 불법 취업으로 체포된 사건은 우리 사회에 씁쓸한 교훈을 남겼다. 우리 기업의 경쟁력 확보를 위한 활동이라 해도 타국의 법을 어긴 행위는 정당화될 수 없다. 그런데 우리가 미국의 엄격한 법 집행에 대해 왈가왈부하기 전에 우리 사회의 해묵은 불법 관행부터 직시해야 한다.

바로 일부 미국인들이 관광비자로 입국해 영어 강사로 일하는 사례다. 이는 수십 년간 지속된 불법 취업의 이중 잣대다. 이러한 행태는 오랜 관행으로 굳어져 왔다. 정식 비자 발급 절차가 복잡하고 까다롭다는 이유로 일부 미국인들은 관광비자나 비자 면제 프로그램을 이용해 한국에 입국한 뒤 영리 활동이 엄격히 금지된 상태에서 불법적으로 영어 과외를 하거나 비공식적으로 학원 강사로 활동해 왔다. 이들은 합법적으로 취업하기 위해 노력하는 다른 외국인들의 기회를 빼앗았고, 탈세의 사각지대에서 막대한 소득을 올리며 한국 사회의 질서를 교란했다.

문제는 이러한 모든 과정이 우리 사회 구성원들과 정부 기관의 묵인하에 이루어져 왔다는 점이다. 단속의 어려움이라는 현실적인 한계도 있지만 '원어민 강사'에 대한 막연한 환상과 저렴한 비용으로 영어를 배우려는 수요가 맞물려 불법 행위를 부추겨 왔다. 정식으로 취업비자를 받은 강사들은 엄격한 자격 요건을 거쳐야 하지만 불법 강사들은 아무런 검증 없이 활동하며 교육의 질을 담보할 수 없게 만들었다.

이는 단지 법 위반의 문제를 넘어서 공정한 경쟁 환경을 훼손하고 교육 시장의 건전성을 해치는 심각한 문제였다. 우리는 오랫동안 이 문제를 '관행'이라는 이름으로 용인해 왔으며, 미국인 강사의 불법 취업을 단속이 어려운 '사소한' 문제로 치부해 왔다. 그러나 이는 명백한 법 위반이며, 우리 사회의 근간을 훼손하는 행위다. 외국인 노동자들이 한국에 와서 정당한 절차를 거치지 않고 일자리를 얻는 것을 엄격하게 단속해 온 우리의 법 집행 기조와도 모순된다.

이제는 더 이상 이런 관행을 용납해서는 안 된다. 우리 국민이 해외에서 불법 취업으로 체포된 사건을 보며 분노했다면, 우리 사회 내부의 불법 취업 문제에도 똑같이 엄격한 잣대를 적용해야 한다. 미국처럼 우리나라도 불법 취업에 대해 무관용 원칙을 적용하고 엄격하게 단속해야 한다. 비자 규정을 위반한 불법 체류자 및 취업자들은 예외 없이 강제 출국시켜야 한다.

단속에 적발된 경우에는 재입국을 영구적으로 금지하는 등의 강력한 조치를 통해 불법 취업의 유혹을 원천적으로 차단해야 한다. 또한, 이들을 고용한 업체와 개인 고용주에 대한 처벌을 대폭 강화해야 한다. 벌금 부과에 그치지 않고, 사업 등록 취소와 같은 강력한 행정처분으로 불법 고용의 경제적 유인을 완전히 제거해야 한다. 이는 합법적인 절차를 준수하는 업체와의 공정한 경쟁 환경을 조성하는 데 필수적이다. 우리 스스로의 잘못된 관행을 직시하고 바로잡을 때, 비로소 해외에서 겪는 불이익에 대해 당당히 목소리를 낼 자격이 생길 것이다.

14. 우리나라의 '안일한' 외교가 낳은 비극: 미국 비자 사태와 기업의 미래

최근 미국 조지아주에서 발생한 한국인 근로자 300여 명의 무더기 구금 사태는 단순한 노동 문제가 아니라 우리나라 외교의 총체적 실패와 기업들의 안일한 '관행'이 빚어낸 비극이다. LG에너지솔루션과 현대차그룹 합작 배터리 공장의 핵심 인력들이 한꺼번에 멈춰서면서 현장 공사는 기약 없이 중단되었고 막대한 손실이 예상된다. 이 사태는 그동안 우리 정부와 기업이 미국 비자 문제에 얼마나 무방비했는지 여실히 보여준다.

이번 사태는 그동안 기업들이 해외 파견 인력의 비자 문제를 해결하기 위해 의존해 온 편법의 민낯을 드러냈다. 전문직 비자인 H-1B는 추첨제로 운영되며 매년 전 세계에서 수십만 명이 몰려 성공 확률이 극히 낮다. 특히 인도와 중국에 대부분의 쿼터가 배정되는 현실에서 한국 인력이 비자를 받기란 하늘의 별 따기다. 기업들은 이러한 현실적 장벽을 넘기 위해 단기 체류 비자인 B-1을 사실상의 취업 비자로 악용해 왔다. 미국 국무부 매뉴얼에 장비 설치 및 시운전이 허용된다는 점을 핑계 삼아 핵심 기술 인력들을 B-1 비자로 파견해 왔던 것이다. 그러나 현장 단속은 매뉴얼보다 훨씬 엄격했고, 결국 이번 사태는 ‘제도’와 ‘집행’ 사이의 괴리가 낳은 재앙이었다. 기업들은 이 편법이 언제든 막힐 수 있다는 사실을 간과했고, 정부는 이러한 위험을 미리 감지하고 대처하지 못했다.

이러한 상황 속에서 한국 외교는 무기력함을 드러냈다. 호주가 미국-호주 FTA 협상 당시 E-3 비자라는 자국민 전용 전문직 비자를 획득하여 매년 1만 500명의 안정적인 인력이 미국에 진출하는 통로를 확보한 것과 달리, 우리나라는 한미 FTA 협상 과정에서 이 기회를 놓쳤고, 이후 여러 차례 발의된 ‘한국동반자법’ 등 비자 제도 개선 노력 역시 성과 없이 무산되었다. 이는 단순히 비자 문제가 아니라 국가 간 외교적 역량의 차이를 극명하게 보여준다.

우리나라는 미국의 투자와 기술 협력을 이끌어내면서도 정작 자국 기업과 근로자를 보호할 최소한의 제도적 기반조차 마련하지 못했다. 정부는 뒤늦게 외교력을 총동원하겠다 말하지만 이미 막대한 피해가 발생한 후의 사후약방문에 불과하다.

더 심각한 문제는 이번 사태를 사전에 감지하지 못한 정보기관의 무력함이다. 국가정보원을 비롯한 관련 기관들은 단속과 구금 사태 발생 가능성을 미리 예측하고 기업과 정부에 경고하는 조기 경보 시스템을 전혀 가동하지 못했다. 이는 외교부의 무능력과 더불어 국가 안보와 경제를 통합적으로 관리하는 정보 체계의 심각한 허점을 드러냈다. 해외 현지에서 벌어지는 외교적, 법적 위협을 예측하고 대응하는 것은 국가의 중요한 역할임에도 불구하고, 정보기관은 제 역할을 하지 못했다.

이번 사태를 일회성으로 치부해서는 안 된다. 더 이상의 편법이 통하지 않는다는 사실이 명확해진 만큼, 정부는 이번 일을 계기로 근본적인 제도 개선에 나서야 한다. 첫째, 한국인 전용 전문직 비자 신설을 미국과 본격적으로 협상해야 한다. 둘째, 국가정보원 등 정보기관은 경제 외교와 연계된 정보력을 강화하여, 노동법 위반 가능성 및 단속 동향을 사전에 파악하고 신속히 공유하는 시스템을 구축해야 한다. 셋째, 한국 정부는 미국 정부와의 공식 채널을 통해 H-1B 비자 쿼터 확대 등 현실적인 방안을 적극적으로 논의해야 한다. 기업과 근로자의 안전, 그리고 국가 경제의 미래는 더 이상 안일한 '관행'에 맡길 수 없다.

15. 편리함 뒤의 보안, 일상과 기술의 균형을 고민할 때

최근 일부 외국산 로봇청소기와 스마트 가전, AI 서비스에서 보안 취약성이 발견되었다. 한국인터넷진흥원과 한국소비자원의 점검 결과를 보면 드리미, 에코백스, 나르왈 등 일부 제품은 사용자 인증 절차가 느슨해 해킹에 취약했다. 해커가 원격으로 장치의 카메라를 조작해 집 안을 촬영하거나 사용자 이름과 연락처 등 개인정보를 유출할 수 있다는 우려가 제기되었다. 이처럼 집 안 구석구석을 돌아다니며 가족의 일상을 기록할 수 있는 장치가 잠재적 위험이 될 수 있다는 사실은 충격적이다.

이는 일부 외국산 전기차, 스마트 가전, 생성형 AI 플랫폼까지 보안 문제가 확대될 수 있어 주의가 필요하다. 전기차 내부 데이터와 주행 패턴, 가전제품 원격 제어 기능, AI 입력 데이터 등은 잘못 관리될 경우 개인정보뿐만 아니라 기업과 공공기관 데이터까지 유출될 위험이 있다.

미국과 일본 기업 제품은 상대적으로 강력한 인증 절차와 데이터 보호 기준을 갖추고 있어서 해킹 사례가 적게 보고된다. 따라서 보안 취약성은 특정 국가나 기업만의 문제가 아니라 제품 유형과 설계 방식에 따른 구조적 문제로 이해해야 한다.

해결책은 크게 세 가지 방향으로 모색할 수 있다. 첫째, 원재료와 부품, 소프트웨어의 보안 표준을 강화하고 국제 기준에 맞춘 인증과 정기 점검을 의무화해야 한다. 둘째, 기업과 정부는 데이터 수집, 저장, 전송 과정에서 투명성을 높여야 한다. 원격 제어 장치와 클라우드 연동 기기의 개인정보와 위치 정보는 반드시 안전하게 암호화하고, 불필요한 수집은 제한해야 한다. 셋째, 대안적 보안 생태계를 구축해야 한다. 국내 제조사와 협동조합 기반 유통망, 로컬 서버와 클라우드 병행 시스템 등을 통해 핵심 데이터를 외부 서버에 의존하지 않고 안전하게 처리할 수 있는 환경을 마련해야 한다. 이 과정에서 국가와 공공기관의 연계 협력도 중요하다. 한국인터넷진흥원은 제품 점검과 보안 기준 설정을 맡고, 국정원은 국가 차원의 사이버 위협 분석과 대응 체계를 제공하며, 소비자원은 피해 사례 조사와 개선 권고를 담당할 수 있다. 이러한 기관 간 협력을 통해 보안 취약성을 신속히 발견하고, 기업이 자율적으로 개선하도록 유도할 수 있다. 동시에 정부 차원의 기술 지원과 규제, 인증 기준 강화를 병행하면 일상과 산업 전반의 정보 안전성을 크게 높일 수 있다.

일상생활과 산업 전반에 디지털 기술이 깊숙이 파고드는 현재의 상황에서 편리함과 보안은 동시에 확보되어야 한다. 로봇청소기, 전기차, 스마트 가전, AI 플랫폼 등 모든 전자 기기는 사용자의 신뢰를 전제로 한다. 단순한 가격 경쟁이나 기능

편의만으로는 선택 기준이 될 수 없다. 정부와 기업, 공공기관, 소비자가 함께 협력해 안전한 기술 환경을 만드는 일이 시급하다.

편리함 뒤의 작은 문이 언제든 열릴 수 있다는 사실을 한시도 잊어서는 안 된다. 디지털 기술이 주는 혜택만큼 그로 인한 위험과 대응책도 함께 고민하는 성숙한 소비와 정책이 필요하다. 개인의 일상과 국가적 정보 안전을 동시에 지키는 노력은 더 이상 미룰 수 없는 시대적 과제다.

Ⅳ

‘행정·기타’ 편

1. 부산·경남 김해에 이민청 설립, 지역 혁신의 기회로 삼아야[47)]

우리나라는 저출생과 초고령화로 인한 심각한 인구 감소 문제에 직면해 있다. 이에 대한 대응책으로 외국인 인력 유입과 다문화 사회 정착이 중요한 정책 과제가 되고 있으며 이를 체계적으로 관리할 수 있는 '이민청' 설립이 필요하다는 논의가 활발히 이루어지고 있다. 특히 부산과 경남 지역은 외국인 근로자와 유학생이 지속적으로 증가하고 있어 이 지역에 이민청을 신설하는 것이 시급한 과제로 부각되고 있다.

이민청은 기존의 출입국·외국인청(구, 출입국관리사무소)보다 확장된 개념으로, 단순한 외국인 체류 관리뿐만 아니라 이민 정책 수립, 외국인 정착 지원, 다문화 사회 통합 등 다양한 역할을 수행한다. 현재 한국에서는 법무부 산하의 출입국·외국인청이 외국인의 입국과 체류를 관리하고 있지만 실질적인 이민 정책을 전담하는 기구는 부족한 실정이다. 이에 따라 정부는 이민 행정을 보다 전문적으로 수행할 수 있는 이민청 설립을 검토하고 있으며 이를 부산 또는 경남 김해에 유치하는 방안이 유력한 대안으로 제시될 수 있다.

---

47) 2025. 5. 22. 뉴스경남 오피니언.

부산과 경남 김해는 외국인 인구 유입이 가장 활발한 지역 중 하나이다. 부산은 한국 제2의 도시로서 국제 교류가 활발하며 항만과 공항을 통해 다양한 국가의 인력이 유입되고 있다. 또한, 김해는 제조업 중심의 산업도시로서 외국인 근로자가 대거 거주하는 곳이다. 2023년 기준으로 경남 지역의 외국인 거주자는 약 15만 명에 달하며 이 중 상당수가 김해와 부산에 집중되어 있다. 따라서 이 지역에 이민청을 설립하면 외국인 정책을 보다 효율적으로 운영할 수 있다.

최근 부산과 경남의 행정통합 논의가 본격화되면서 광역행정 차원에서의 외국인 정책 수립이 더욱 중요한 과제가 되고 있다. 현재 외국인 관련 정책은 지자체별로 분산되어 있어 효율성이 떨어지고 정책 일관성이 부족하다는 지적이 많다. 부산·경남이 하나의 광역행정 구역으로 통합된다면 이민청 설립을 통해 보다 체계적이고 종합적인 이민 정책을 추진할 수 있다. 이는 지역 경제 활성화와 외국인 노동력의 효율적 활용 측면에서도 긍정적인 효과를 가져올 것이다.

이민청 설립과 함께 외국인 광역비자제도의 적극적 도입과 확대도 고려해야 한다. 현재 한국의 비자 제도는 특정 지역에 한정되지 않고 전국 단위로 운영되고 있어, 지역별 외국인 수급 조절이 어려운 실정이다. 하지만 광역비자제도를 도입하면 특정 지역에서 필요로 하는 인력을 효과적으로 유치하고 관리할 수 있다. 예를 들어, 부산·경남 지역에서는 제조업과 항만 물류 분야에서 외국인 노동력이 절실한데, 광역비자를 통해 해당 산업군에 맞는 외국인을 유치할 수 있다. 또한 초고령화에 따른 노인 돌봄 인력을 위한 분야의 확대도 필요하다. 이는 지역 산업 발전에도 기여하는 중요한 정책이 될 것이다.

부산 또는 경남 김해에 이민청을 설립하는 것은 단순한 행정 기구 신설을 넘어 한국 사회가 직면한 인구 문제와 노동력 부족 문제를 해결하는 중요한 전략이 될 수 있다. 외국인 인구가 급증하는 현실을 고려할 때, 보다 체계적인 이민 정책 수립이 필요하며 이를 실현하기 위한 최적의 방안이 부산·경남 지역의 이민청 설립이다. 또한, 부산·경남 행정통합과 외국인 광역비자제도 확대를 연계한다면 외국인 정책의 효율성을 극대화하고 지역 경제에도 긍정적인 영향을 미칠 수 있다. 이제는 단순한 논의를 넘어 실질적인 실행 방안을 마련할 때이다. 이민청 설립을 통해 부산과 경남이 새로운 도약의 발판을 마련할 수 있기를 기대해 본다.

2. 언제까지 '만족도 조사'만 할 것인가?[48)]

연수기관은 교육과 프로그램의 효과성을 점검하기 위해 만족도 조사를 시행한다. 이는 참가자의 의견을 수렴하고 향후 프로그램 개선을 위한 기초 자료로 활용되지만 형식적인 절차에 그치거나 실질적인 개선으로 이어지지 않는 경우가 많다. 특히, 평가가 진단, 형성, 총괄평가로 구성되어야 함에도 불구하고 총괄평가인 만족도 조사만 시행되는 문제가 있다. 이는 학습자의 초기 상태를 진단하고 과정 중간에 피드백을 제공하는 과정이 부족해지는 결과를 초래한다.

대부분의 만족도 조사는 연수 마지막 날 마지막 시간에 짧은 객관식 위주의 평가 방식으로 진행되며 이로 인해 응답자는 깊이 있는 의견을 제시하기 어렵다. 또한 조사 결과가 기관의 성과 평가와 직결되는 경우 응답자들이 의식적으로 긍정적인 답변을 선택하는 경향이 있다. 수강자가 소수일 경우에는 익명성이 보장되지 않거나 불이익이 우려되는 환경에서는 솔직한 의견 개진이 어렵다. 이에 따라 조사 결과가 실제적인 프로그램 개선으로 이어지지 못하는 경우가 많고 단순히 기관

48) 2025. 7. 31. 뉴스경남 오피니언.

의 양적 성과만을 홍보하는 용도로 활용되는 경우가 다수이다.

만족도 조사가 단순한 형식적인 절차로 전락하는 또 다른 이유는 조사방식의 한계이다. 대부분의 만족도 조사는 설문지로 진행되며 질문 자체가 포괄적이거나 피상적인 경우가 많다. 이에 따라 응답자들은 실제 경험과는 다소 거리가 있는 답변을 할 가능성이 높다. 조사 빈도 역시 문제로 작용한다. 대부분은 교육과 연수를 마친 후 한 차례의 만족도 조사를 시행할 뿐, 과정 중간에 학습자의 의견을 반영하는 구조가 부족하다. 이로 인해 실질적인 피드백이 적절한 시기에 반영되지 못하고 형성평가의 기능이 상실된다.

이를 해결하기 위해선 만족도 조사 대신 실제 역량을 측정할 수 있는 지표 조사를 도입해야 한다. 첫째, 조사 방식의 개선이 필요하다. 단순 객관식 선택형 문항에서 벗어나 개방형 질문 위주로 구성하여 보다 심층적인 조사를 시행해야 한다. 응답자들이 단순히 숫자로 평가하는 것이 아니라 자신이 경험한 교육의 질적 측면을 서술할 수 있도록 질문을 구성해야 한다. 또한 프로그램의 목표와 연계된 핵심 역량을 중심으로 조사를 설계해야 하며 이를 통해 단순한 만족도를 넘어 실질적인 교육 효과를 측정해야 한다. 둘째, 익명성을 철저히 보장하여 응답자들이 자유롭게 의견을 낼 수 있는 환경을 조성해야 한다. 특히 기관에서는 응답 결과가 기관의 성과 평가에 영향을 미칠 가능성이 크므로 응답자들이 부담 없이 솔직한 피드백을 제공할 수 있도록 조사 방법을 개선해야 한다. 예를 들어, 외부 기관을 통해 조사를 진행하거나 개별 응답이 특정 강사나 프로그램 운영진에게 직접적으로 연결되지 않도록 하는 방안을 고려할 수 있다. 셋째, 단순한 만족도 조사에서 벗어나 실습 과제, 사례 분석, 역량평가 지표 등을 활용하여 연수가 실제 역량 향상에 미친 영향을 측정해야 한다. 만족도 조사만으로는 교육 효과를 객관적으로 평가하기 어려운 만큼, 프로그램을 통해 참가자들이 실제로 습득한 지식과 기술을 평가할 수 있는 구체적인 도구가 필요하다. 이를 위해 연수 후 일정 기간이 지난 뒤 참가자들의 역량 변화를 측정하는 후속 평가를 도입할 수도 있다. 이러한 과정은 단순한 교육 만족도 조사보다 훨씬 실질적인 교육 효과를 반영할 수 있으며 장기적인 프로그램 개선에도 기여할 것이다.

만족도 조사는 교육과 연수 프로그램의 개선을 위한 중요한 도구이지만 현재의 천편일률적이고 형식적인 방식으로는 실질적인 변화를 기대하기 어렵다. 총괄평가에 치우친 방식을 벗어나 진단과 형성평가를 포함한 실질적인 평가체계를 구축해야 한다. 조사 자체가 목적이 아니라 이를 통한 변화가 중요 목표가 되어야 한다. 궁극적으로 만족도 조사에서 벗어나 교육과 연수가 학습자의 실질적인 성장과 역량 향상에 기여할 수 있도록 평가 시스템과 인식을 전면적으로 전환해야 한다.

교육 현장의 만족도 조사가 진짜 '배움'을 위한 도구로 거듭나려면 숫자를 넘어선 '용기'가 필요하다. 우리가 진짜로 채점해야 할 것은 높은 점수가 아니라 조사지 어딘가에 숨겨져 있는 '배우지 못한 것들'일 테니까.

3. 신혼부부 울리는 '스드메' 폭리의 문제점[49)]

바야흐로 춘 3월은 결혼의 시즌이다. 결혼은 인생의 아름다운 출발점이기도 하지만 많은 신혼부부에게 결혼은 큰 경제적 부담으로 다가오기도 한다. 그중에서도 스드메(스튜디오, 드레스, 메이크업)는 필수로 여겨지는 항목이지만 그 비용이 지나치게 높아 여전히 사회적 논란이 되고 있다. 스드메 시장은 가격 책정이 불투명하다는 점에서 큰 문제를 안고 있다.

예비 신혼부부가 견적을 받아보면 같은 구성임에도 업체마다 박람회 등의 행사마다 천차만별의 가격을 제시한다. 이는 중간 유통 과정에서의 불필요한 마진과 정보의 비대칭성 때문이고 특히 웨딩 박람회에서 제공되는 패키지 상품들은 겉으로 보기에는 저렴해 보이지만 실제로는 추가 비용이 붙거나 품질이 낮은 서비스를 포함하는 경우도 흔하다. 이는 일종의 낚시(?)로 보인다.

이러한 과정에서 업체와 웨딩플래너는 구체적이고 세부적인 내용과 비용은 제대로 알려주지 않는다. 흡사 아무도 읽지 않게 만드는 보험 약관의 깨알 같은 글씨의 느낌이다. 예컨대

---

49) 2025. 3. 27. 뉴스경남 오피니언.

추가 비용의 사례로는 스튜디오 촬영 후 파일강매 유도, 앨범 제작 시 사진 크기와 매수로 인한 추가 비용 발생, 신부의 웨딩 드레스를 잡아주는 보조인을 위한 추가 비용 등이 있다.

스드메 업체들은 '인생에 한 번뿐인 특별한 날'이라는 심리를 자극해 소비자에게 과도한 지출을 유도한다. 신혼부부는 완벽한 결혼식을 꿈꾸는 마음에 '좋은 게 좋은 거다' 식으로 비교적 비합리적인 가격을 울며 겨자 먹기 식으로 감수하는 경우가 많고 이러한 감성 마케팅은 소비자의 선택권을 제한하고 높은 비용을 정당화하는 수단으로 악용되고 있다.

이런 문제는 단순히 개인적인 경제적 부담을 넘어 사회적 문제로 확장된다. 결혼을 준비하며 발생하는 과도한 비용은 신혼부부의 경제적 스트레스를 증가시키고 결혼과 출산을 기피하는 주요 요인 중 하나로 작용한다. 이는 결국 저출산 문제와도 연결되고 사회 전반의 지속 가능성을 위협할 수 있다.

이러한 문제를 해결하려면 다음과 같은 방안이 필요하다.

첫째, 스드메 시장의 가격 책정을 투명하게 만들기 위한 제도가 마련되어야 한다. 정부나 관련 단체가 표준 가격을 제시하거나 온라인 플랫폼을 통해 소비자들이 가격을 쉽게 비교할 수 있는 환경을 조성해야 한다.

둘째, 예비 신혼부부가 합리적인 선택을 할 수 있도록 결혼 준비 과정에 대한 정보를 제공하는 교육 프로그램을 확대해야 한다. 소비자가 충분한 정보를 바탕으로 의사결정을 내릴 수 있도록 돕는 게 중요하다.

셋째, 스드메 업체 간의 가격 담합이나 불공정 행위를 철저히 단속하고 불법적으로 폭리를 취하는 업체에 대한 제재를 강화해야 한다.

넷째, 고급화된 패키지 대신 개인의 예산과 취향에 맞춘 맞춤형 서비스를 제공하는 소규모 업체를 지원해 소비자 선택의 폭을 넓히는 것도 필요하다.

결혼은 축복받아야 할 순간이지 경제적 부담으로 인해 '빨리 해 치워야' 하는 통과의례식의 고통받아야 할 시간이 아니다. 스드메 시장의 폭리를 바로잡고 가격 정상화를 이루는 건 예비 신혼부부의 경제적 안정을 지원하고 나아가 건강한 사회를 만드는 데 기여할 것이다. 모두가 합리적인 비용으로 행복한 결혼을 준비할 수 있도록 우리 사회의 적극적 인식 변화와 제도적 노력이 필요하다.

4. 생숙 전환, 지금 필요한 것은 책임 떠넘기기가 아닌 실질적 해법이다[50)]

생활형숙박시설, 이른바 '생숙'의 용도전환 문제를 둘러싼 혼란이 좀처럼 해소되지 않고 있다. 정부는 지난 2022년 실수요자의 주거 안정을 위해 일정 요건을 충족하면 오피스텔로 용도변경이 가능하다는 제도적 퇴로를 마련했다. 하지만 여전히 상당수 지자체가 관련 조례를 제정하지 않거나 까다로운 행정 절차로 전환을 가로막고 있어 실수요자들은 극심한 불안을 겪고 있다.

더 큰 문제는 2025년 10월부터 전국 9만 실에 달하는 생숙이 이행강제금 부과 대상이 된다는 점이다. 과거 행정 허가를 받고 적법하게 분양된 건물에 대해 시간이 지난 뒤 일방적인 기준 변경과 함께 벌칙성 행정처분이 내려지는 것은 매우 부당하다.

과연 이 책임은 누구에게 있는가? 정부는 제도를 만들었다고 말하고 지자체는 자율 판단이라며 책임을 미루고 있다. 그 사이에서 주거 목적의 실수요자들은 생존권의 위협을 받고 있다.

이제는 생숙 문제를 규제의 틀에서만 볼 것이 아니라 국가

50) 2025. 9. 26. 뉴스경남 오피니언.

적 주택공급 위기와 연계된 정책 자산으로 재인식해야 한다. 현재 대한민국은 심각한 주택공급 부족에 직면해 있으며 특히 도심 내 소형 주택 수요가 급증하는 상황에서 생숙은 새로운 공급 수단으로 활용 가능한 실물 자산이다. 새롭게 주택을 짓는 데는 막대한 시간과 재원이 소요되지만 이미 존재하는 생숙을 제도화하는 것은 훨씬 효율적이고 실현 가능한 대안이다.

앞으로 생숙은 실수요자에게 실질적인 주거 대안이자 공급 확대의 유효한 도구가 될 수 있다. 이를 위해서는 생숙을 법적·행정적으로 포용할 수 있는 제도 개선이 반드시 뒤따라야 한다. 용도변경 요건은 현실적으로 완화되어야 하고, 안전 및 위생 등 본질적인 기준은 유지하되 실거주를 위한 합리적인 전환 절차가 마련되어야 한다.

문제는 실행력이다. 중앙정부가 방향성을 제시했다면, 지방정부는 이제라도 조례를 정비하고 실질적인 행정 집행에 나서야 한다. 그러나 일부 지자체는 여전히 소극적이며 불분명한 기준으로 실수요자들의 권리를 사실상 제한하고 있다. 이는 책임 회피이자 국민의 주거 안정을 외면하는 무책임한 행정이다.

생숙을 매입한 수많은 국민들은 안정적인 주거를 기대하고 실거주를 선택했다. 하지만 시간이 지나며 '불법 숙박업소'라는 낙인이 찍히고, 과태료와 이행강제금까지 부과되는 상황은 상식적으로 납득하기 어렵다. 이는 행정의 일관성 결여이자 실수요자에 대한 부당한 책임 전가다. 실수요자의 주거 목적까지 부정하는 태도는 정책의 공정성과 신뢰를 해친다.

제도의 본질은 국민의 삶을 안정시키고 갈등을 줄이는 데 있다. 지금 필요한 것은 더 복잡한 규제가 아니라 분명한 기준과 신속한 전환 절차다. 주택공급 확대라는 국가적 목표와도 정면으로 연결되는 사안인 만큼, 생숙 전환 문제는 단순한 행정 이슈가 아닌 주거복지 정책의 일환으로 접근해야 한다.

건축 당시 합법적으로 인허가를 받은 시설에 대해 수년이 지나 불이익을 주는 방식은 국민의 행정 신뢰를 무너뜨린다. 지금이라도 정부와 지자체는 협조적이고 일관된 입장을 바탕으로, 실수요자의 권리를 보장하는 방향으로 전환 절차를 개선해야 한다. 생숙 문제는 더 이상 개인의 문제가 아니라, 행정 책임의 시험대이자 국가 주택정책의 현실을 드러내는 바로미터가 되고 있다.

5. 부성애도 모성애 못지않게 강하다![51)]

부성애를 다룬 TV 드라마 2편이 인기몰이를 하고 있었다. 바로 드라마 '유어아너'와 다소 파격적인 제목의 '백설공주에게 죽음을'이다.

부성애는 국어사전에 따르면 '자식에 대한 본능적인 사랑'을 의미한다. 생물학자에 따르면 대체로 포유류같이 체내수정을 하는 동물인 경우에는 모성애가 강한 경향이 있지만 어류와 같이 체외수정을 하는 경우에는 부성애가 강한 경향이 많은 것으로 알려져 있다. 이 때문인지 인간은 포유류이기 때문에 부성애는 모성애보다 약한 것으로 묘사되고 있다.

하지만 부성애도 모성애 못지않게 강하다. 언어학자들에 따르면 전 세계의 갓난아기들이 아빠(파파)보다 엄마(마마)를 더 찾는 이유는 단지 엄마(마마)가 아빠(파파)보다 본능적으로 더 발음하기 편해서 그렇다는 것이다.

이렇듯 성별의 특성 또는 보수적인 문화적인 환경으로 인해 아빠가 엄마보다는 드러내놓고 사랑 표현을 잘 하지 못했기 때문에 부성애가 모성애보다 부족하다고 인식하지만 실제로

---

51) 2024. 9. 12. 뉴스경남 오피니언.

는 그렇지 않을 수 있다는 것이다. 하지만 요즘은 대놓고 '딸바보'가 많은 세상이니 시대가 변하기도 했다.

영화에서도 이러한 부성애를 다룬 인기작들이 있다. 대표적으로 '테이큰'과 '인생은 아름다워'이다. 테이큰은 할리우드 액션배우인 리암니슨이 인신매매단에 끌려간 딸을 갖은 고생 끝에 구출하는 내용의 액션 영화이다. 인생은 아름다워는 로베르토 베니니 감독이 각본 제작 및 주연까지 한 작품이다. 2차 세계대전 중 유대인 학살사건(홀로코스트)을 배경으로 다뤘다.

유대인이라는 이유로 아들과 같이 수용소에 끌려갔지만 아버지가 아들 '귀도'를 안심시키고 동심을 지켜 주기 위해 수용소 생활을 단체게임이라고 말하고 1,000점을 따는 우승자에게 실물 탱크가 주어진다고 하며 자신의 희생마저도 유쾌하게 하는 블랙코미디 영화이다.

다시 화제의 TV 드라마 2편으로 돌아가 보자.

드라마 '유어아너'는 엇갈린 부성애를 보여주고 있다. '유어아너'는 직역하면 당신의 명예라는 뜻이지만 우리가 법정 드라마에서 검사나 변호사들이 흔히 판사에게 말하는 '존경하는 판사님'이 더 정확한 뜻이라고 할 수 있다. 여기에는 두 명의 아버지가 등장한다. 한 점 오점 없이 살다가 아들의 살인을 은폐하려는 판사와 아들의 살인범을 뒤쫓는 무자비한 권력자가 그들이다. 아들을 위해 괴물이 되기로 한 엇갈린 부성애를 가진 두 아버지의 대치극이 재미를 더하고 있다.

'백설공주에게 죽음을'도 자식들의 죄를 덮으려는 부성애가 드라마를 이끌어가는 중심축이다. 주인공인 남자는 전 여자친구와 현 여자친구의 2명을 살인했다는 죄목으로 10년형을 받고 출소한다. 주인공은 살인당시의 기억을 전혀 못 하는 블랙아웃 상태였지만 자신이 누명을 썼다는 확신을 가지고 10년 전 사건을 되짚어가며 실체를 밝히는 것이 드라마의 주요 줄거리이다. 주인공의 친구들이 전 여친을 집단으로 겁탈하고 이를 알게 된 친구들의 아버지들이 자신의 자녀들을 보호하기 위해 이러한 사실을 감추고 서로 공모하여 주인공에게 누명을 씌웠다는 것이 내용의 골자이다.

명심보감 효행편 첫 구절에는 "아버지 날 낳으시고 어머니 날 기르시니 애달프고 슬프도다 어버이시어, 나를 낳아 기르시느라고 애쓰시고 수고하셨도다. 그 깊은 은혜를 갚고자 할진대 넓은 하늘과 같이 끝이 없도다!"라고 되어 있다. 엇갈리고 뒤틀린 부성애를 말했지만 실제로 자식이 저런 상황이 되면 아버지들은 어떻게 할까?

이제 얼마 안 있으면 민족 최대의 명절 한가위이다. 사랑을 대놓고 표현하는 걸 꺼리는 한국 문화에서 보이지 않는 사랑을 묵묵히 실천하고 있는 우리 아버지들에게 깊은 응원을 보낸다.

대한민국 아버지들, 파이팅(fighting)이다.

6. 노벨상은 정말 요원한 일인가? 이제라도 패러다임을 혁신해야 한다![52]

10월이다. 노벨상 시즌이 다시 찾아왔다. 노벨상은 스웨덴의 화학자 알프레드 노벨의 유산을 기금으로 하여 1901년에 제정된 상으로 해마다 물리학, 화학, 생리학·의학, 경제학, 문학, 평화의 6개 부문에서 인류 문명의 발달에 공헌한 사람이나 단체를 선정하여 수여하는 세계에서 가장 권위 있는 상이다. 하지만 올해도 우리나라는 노벨상 후보조차 없는 나라라는 오명을 받고 있으며 이 또한 체념한 듯 익숙해지고 있다.

이러한 문제는 어디에서 기인하는 것일까?

첫째, 기초과학을 천시하고 홀대하는 정치와 정책 때문이다. 정부는 장기적 투자를 하지 않거나 단기적이고 가시적인 성과만을 요구하며 예산을 줄이기도 한다. 이는 5년 단기 정권제도의 한계로도 볼 수도 있지만 결국은 철학의 부재와 정치적인 셈법으로 인한 것이다.

둘째, 이공계에 대한 사회적 인식이 의대보다 낮기 때문이다. 화학, 수학, 물리학자를 의대보다 홀대한다. 따라서 우수

52) 2024. 10. 10. 뉴스경남 오피니언.

한 영재와 천재도 의대로만 간다. 통계를 보면 힘들게 양성한 과학고와 영재고 졸업자 7% 이상이 다시 의대로 간다. 이공계 분야 기초과학을 전공하면 당장 취업부터 걱정해야 하는 게 현실이다. 연구원들은 박봉과 계약직으로 처우가 좋지 않아 이직률이 높다.

셋째, 창의성보다는 형식적 효율성을 더 중시하는 교육 때문이다. 정답이 존재하는 객관식 문제 풀이가 중심인 교육과 이를 뒷받침하는 대학입시가 근본 문제이다. 이런 풍토는 대학에 가서도 변하기 어렵다. 학계에 충격을 줄 수 있는 연구를 한다기보다는 연구비를 타기 위해 기존 학설이나 연구 결과를 응용하는 정도에 그치는 경우가 많다.

문제의식을 키워야 할 가장 중요한 청소년 시기를 주입식 교육으로 정답이나 찾고 주어진 문제 풀이만 하는 수동적 태도로 보내면 머리는 굳어지고 타성에 젖을 수밖에 없다. 인공지능 시대에 시대착오적인 교육방식이다.

넷째, 고등교육을 홀대하기 때문이다. 대학 등록금 동결이 15년째이다. 대학 수입의 절반 이상은 여전히 등록금에서 나온다. 그 사이에 소비자 물가는 30% 넘게 상승했다. 물가상승률을 고려하면 실질 등록금은 감소한 것이다. 따라서 대학은 교수인건비를 제일 먼저 줄이며 최소한만을 지출할 수밖에 없다. 대한민국이 공산주의 국가도 아니고 정부가 강제적으로 등록금을 동결하는 것은 국가경쟁력에서 큰 마이너스다. 지금 현실에서 우수 인재는 우리나라보다는 해외에서 교수를 하는 것을 선호할 수밖에 없다.

이를 해결하기 위한 대안은 다음과 같이 명확하다.

첫째, 기초과학과 이공계에 대한 정치권과 사회적 인식 전환이 필요하다. 이를 위해서는 장기적 연구 투자와 이공계 처우 확대를 공약으로 제시하는 정치집단을 국민들이 지지해 줘야 한다.

둘째, 형식적인 효율성이 아닌 창의성을 높이는 교육방식으로의 전면적 전환이 필요하다. 모든 시험과 평가는 객관식 중심이 아니라 주관식 중심으로 바꿔야 한다. 연구논문은 객관식이 아니라 주관식이다. 문제의식은 자기가 스스로 정리하고 탐구하는 과정에서 생긴다.

셋째, 고등교육에 투자를 더 확대해야 한다. 또한 등록금을 대학이 자율적으로 조정할 수 있도록 제도적으로 풀어주어야 한다. 고등교육이 바로 국가경쟁력이다. U.S. 뉴스 & 월드 리포트가 발표한 세계 대학 순위에서 서울대는 135위에 불과하다. 나머지 대학은 말할 필요조차도 없다.

눈앞의 이익과 돈벌이에만 급급하고 하드웨어만 선진국이 되어서는 진정한 선진국이라고 할 수 없다. 언제까지 '천민자본주의' 국가라는 오명을 쓰고 있어야 하나? 전문가와 과학을 홀대하는 나라는 결코 선진국이 될 수 없다.

우리의 '빨리빨리' 문화는 타고난 국민성이 아니라 형식적 효율성만을 추구해 만들어진 결과의 축적물이다. 과거에는 통용되었으나 미래에는 어렵다. 지금이라도 패러다임을 혁신해야 한다. 문제를 알면서도 해결하지 않는 게 더 문제다.

진부한 말이지만 가장 늦을 때가 가장 빠를 때다.

7. '부부안식년제', 관계의 재정비를 위한 전략적 시간[53)]

결혼생활이란 두 사람이 만나 한 가족을 이루고 함께 살아가는 여정이다. 처음에는 사랑과 설렘으로 가득차지만 시간이 흐를수록 일상 속에서 반복되는 책임과 역할 속에 지쳐가는 경우가 많다. 직장과 노동, 육아와 경제적 부담 등 다양한 요인이 부부관계에 영향을 미친다. 사랑으로 시작한 관계가 어느새 의무감과 습관이 되어 서로를 보는 시선이 무뎌지고 때론 상대의 존재가 당연한 듯 여긴다. 이런 과정에서 개인의 정체성은 희미해지고 상대를 향한 애정과 이해는 줄어든다. 서로를 더 이상 사랑하지 않아서가 아니라 각자 자기 자신을 잃어버리기 때문이다. 그래서 등장한 새로운 개념이 바로 '부부안식년제'다.

부부안식년제는 부부가 일정기간 동안 각자의 삶을 돌아보고 재정비하는 시간을 갖는 제도다. 일부 직장이나 연예인, 전문직, 프리랜서 등은 일정기간 동안 업무에서 벗어나 재충전할 기회를 제공하는 '안식년'을 (비)공식적으로 두고 있다.

그렇다면 부부에게 왜 안식년이 필요할까?

---

53) 2025. 4. 10. 뉴스경남 오피니언.

첫째, 장기적인 결혼생활에서 발생할 수 있는 관계의 소원화를 방지하고 부부간의 유대감을 재정비할 수 있는 기회를 제공한다.

둘째, 직장과 가정에서의 스트레스로 인한 피로를 해소함으로써 개인적 및 관계적 웰빙을 증진시킬 수 있다.

셋째, 새로운 환경에서의 경험을 공유함으로써 부부간의 상호 이해를 증진시키고 관계의 질을 향상시킬 수 있다.

부부안식년제의 핵심은 단순한 이별이 아니라 각자의 시간을 통해 자신을 되찾고 다시 건강한 관계로 돌아오는 것이다. 이 기간 동안 부부는 잠시 별거를 하거나 각자의 관심사를 추구하며 스스로를 돌아볼 기회를 갖는다. 여행을 떠날 수도, 새로운 공부를 시작할 수도 있으며 오랫동안 미뤄왔던 자기계발을 시도할 수도 있다. 중요한 것은 이 시간이 서로에게 무관심해지는 시간이 아니라 더욱 성숙한 관계를 위한 준비과정이라는 점이다.

부부안식년제를 통해 얻게 되는 가장 큰 변화는 '객관적인 시선'이다. 함께 있을 때는 당연하게 여겼던 것들이 떨어져 보면 새롭게 보인다. 상대의 장점과 소중함을 깨닫게 되기도 하고 반대로 서로의 문제점을 더 명확하게 인식할 수도 있다. 때로는 너무 가까워서 보이지 않던 감정의 매듭을 풀 기회가 되기도 한다.

물론 부부안식년제는 모든 부부에게 적합한 방식은 아닐 수 있다. 신뢰가 부족한 관계에서는 오히려 불안감이 커질 수 있고 오랜 이별이 관계를 더욱 멀어지게 만들 수 있다. 따라서 이를 시도하기 전에 부부가 충분히 대화하고 서로의 기대와 원칙을 정하는 것이 중요하다.

안식년 이후 다시 만났을 때의 목표와 방향을 설정하고 일정한 규칙을 마련하는 것이 필요하다. 예컨대 일정한 연락을 유지한다거나 각자의 생활을 공유하는 시간을 갖는 등의 방법이 해당된다. 안식년 동안의 경험을 기록하거나 공유함으로써 다른 부부들에게도 유의미한 참고 사례를 제공할 수 있다. 부부상담을 병행하거나 안식년 기간 동안의 경험을 사진이나 일기로 기록하는 것도 관계 강화에 도움이 될 수 있다.

부부안식년제는 단절이 아니라 건강한 관계를 위한 새로운 시작이다. 오랜 기간 함께하며 잊고 있었던 서로의 소중함을 되찾고 보다 깊은 관계로 나아가기 위한 시간이다. 부부관계에도 쉼이 필요하다. 서로를 위해 잠시 멈추고 각자의 삶을 돌아볼 수 있는 기회를 갖는 것이야말로 결혼생활을 더 깊고 단단하게 만드는 과정이 아닐까.

부부안식년제의 도입과 실행은 단순히 개인적 차원을 넘어 사회적 차원에서도 건강한 가족 관계를 조성하는 데 기여할 수 있다. 부부관계가 더 이상 설렘을 잃고 무뎌져 가는 것이 두렵다면 한 번쯤 '부부안식년제'를 고민해 보는 것도 좋을 것이다. 때로는 거리를 두는 것이 더 가까워지는 길이 될 수도 있으니까.

8. 후쿠시마 오염수 방류, 어떻게 바라봐야 하는가?[54)]

2023년 6월경 IAEA(국제원자력기구)는 일본의 후쿠시마 원전 오염수 방류가 국제 안전기준에 부합한다는 보고서를 일본 정부에 제출하였다. 이에 대해 한 여론조사 기구는 IAEA 보고서의 신뢰성에 대해 국민들을 대상으로 여론조사(2023. 7.9.~7.10.)를 실시했는데, '신뢰하지 않는다'가 전체 응답자의 54.1%를 차지했고 '신뢰한다'는 응답은 37.6%로 나타났다. IAEA 보고서 발표로 후쿠시마 오염수 방류 문제가 종결되지 않고 오히려 국내에서의 갈등은 더 첨예하게 대립되거나 증폭되는 양상으로 흐르고 있다.

이러한 문제를 어떤 관점에서 바라봐야 하는가?

첫째, '신뢰'의 관점이다. 연구를 할 때 무엇보다 중요한 건 '데이터'이다. 데이터가 오염되거나 잘못되어 있으면 그 연구는 신뢰도가 현저히 떨어지며 따라서 연구결과를 신뢰하기가 쉽지 않다. IAEA가 후쿠시마 오염수 시료를 직접 채취했으면 어느 정도 신뢰가 있을 수 있으나 도쿄전력이 채취해 준 시료를 사용하여 신뢰를 떨어뜨렸다. 또한 보고서의 핵심인 오염

54) 2023. 7. 14. 양산신문 오피니언.

수 처리장치 '알프스(ALPS)'의 성능검사결과나 오작동률 등의 기술검증 내용도 누락되었다.

그럼에도 국제기준에 부합한다는 결론을 내었다. 정상적인 보고서인지 의심스러운 대목이다. 그래서 그런지 IAEA 보고서 앞부분에는 "보고서로 인해 발생할 수 있는 결과에 어떤 책임도 지지 않는다"는 내용을 적어놓았다. 보고서 작성 기관도 책임을 회피하는 보고서를 어떻게 신뢰할 수 있을까?

둘째, '산업'의 관점이다. 후쿠시마 오염수는 아직 방류를 시작하지도 않았는데 벌써부터 국민들은 수산물을 기피함으로써 수산업계는 심각한 영향을 받고 있다. 물론 여름이라는 계절적 요인도 있지만 수산업이 어려운 이유는 후쿠시마 오염수 방류 영향이 크다는 것을 부정할 수는 없다. 소금관련 산업도 요동을 치고 있다. 시장에서는 일찌감치 천일염을 사재기하고 있다. 급기야는 1인당 소비량을 제한하기도 한다. 천일염 가격은 전에 비해 30% 가까이 올랐고 천일염 관련 주가는 하루가 다르게 오르고 있다.

정부는 이러한 상황이 후쿠시마 오염수 방류 전 불안감이 아니라 날씨에 의한 것이라고 발표했지만 그것을 곧이곧대로 믿는 국민들은 여론조사에 따르면 별로 많지 않은 것 같다.

한편 정부는 수산업계를 지원하기 위해 수산물 정부 비축예산을 작년보다 2배 늘리고 민간수매지원예산도 1150억 원을 편성했다. 피해 어민과 수산업종사자들을 위한 금융 지원도 검토하고 있다. 하지만 실제 방류가 되면 이 외에 다른 어려움이 생길 가능성이 있고 피해가 장기화될 수 있다. 이에 대한 면밀한 검토와 후속 정책에 대한 고민이 필요해 보인다.

셋째, '음식'의 관점이다. 부모가 되면 본인도 중요하지만 특히 자녀들이 먹는 음식에 관심을 더 가지게 된다. 그래서 우리 부모들은 아이들에게 "이상하면 먹지 마!"라고 가르친다. 문제는 단순히 우리나라 연근해에서 생산된 수산물만을 먹지 않는다는 것이다. 현재 우리는 고등어를 비롯하여 수입산 수산물을 많이 소비하고 있으며 참치 등은 원양어선을 통해 가공되어 식탁으로 올라오고 있다. 그래서 오염수 방류가 불안한 것이다.

음식은 심리와도 밀접하다. 일례로 우유의 유통기한이 지나면 찜찜해서 먹지 않으려는 것도 결국 불안한 심리 때문이다. 정부는 유통기한을 섭취 가능 기간인 소비기한으로 바꾸었지만 그렇다고 불안감이 사라지지는 않는다. 또한 국산 콩으로 만든 두부가 수입 콩으로 만든 두부보다 가격이 비싸다. 이는 유전자변형생물(GMO)인 수입 콩으로 인한 불안함 때문이다. 이처럼 음식에 대한 심리적 불안감은 결국 시장의 가격으로 증명되고 있고 수산물도 마찬가지일 것이다.

2023년 7월 초에 정치권 일부는 불안한 85% 국민을 대변한다며 당파를 떠나서 '후쿠시마 오염수 초당적 국민대책위원회'를 출범시켰다. 후쿠시마 오염수 방류는 현재의 문제이기도 하지만 미래가 더 중요한 문제이다. 후쿠시마 오염수 방류가 단순히 여야의 정쟁 도구로 활용되어서는 안 될 것이다.

원자력 전문가뿐만이 아닌 환경관련 전문가 등 다양한 초학문적인 전문가들의 참여와 국내·외 시민단체 등의 네트워크를 통해 우리는 미래세대를 위한 최선의 노력을 해야 한다.

바로 무엇보다 중요한 것이 국민의 건강이고 먹거리에 대한 불안감 해소이기 때문이다.

9. 집중 휴가철과 휴포족 증가의 씁쓸한 단상[55)]

우울한 휴가 시즌이다. 전통적으로 우리나라는 혹서기인 7월 말과 8월 초의 2주간은 집중 여름휴가철로 보내고 있다. 그러나 이번 여름휴가는 대부분 휴가란 말 그대로 집에서 조용히 보내거나 수해를 입은 이재민들은 복구에 힘을 쏟아야 할 것으로 보인다. 특히 산사태가 난 경북 예천과 충북 오송 궁평지하차도는 사상자가 많았기에 더 세심한 복구가 필요해 보인다.

대학도 휴가 시즌에 돌입한다. 보통 6월 중순경이면 학기가 끝이 나지만 계절학기가 끝나고 그 행정 처리까지 마무리하려면 결국 대학도 실질적으로는 7월 말부터 방학이라고 할 수 있다. 우리 대학도 7월 말 1주는 집중 휴무제로 행정업무를 중단한다. 일부 대학은 7월 말과 8월 첫 주 모두를 집중 휴무제로 운영하기도 한다. 이를 통해 고생한 교직원들의 강제 휴식(?)을 독려하기도 하지만 다른 이면에는 급등한 전기료 등 공공요금 절약의 목적도 있어 보인다.

하지만 이번 여름 휴가시즌을 편히 쉬지 못하는 사람들은

55) 2023. 7. 26. 양산신문 오피니언.

많이 있다. 강제적이든 자율적이든 다수가 '휴포족'이 되어가고 있다.

첫째, 고등학생이 그러하다. 방학 동안 밀린 학습을 해야 한다. 더구나 고교학점제가 2025년부터 전면 도입되기로 되어 있고 이미 고교학점제 시범 실시를 많이 하고 있기 때문에 일부 교육청은 방학을 기해 대학과 연계하여 고등학교 1~2학년 학생을 대상으로 소인수 과목과 다양한 프로그램을 개설하여 학생들에게 기회를 주고자 하기 때문에 고등학생들은 쉬지 못할 수 있다.

또한 고등학교 3학년 학생들은 9월의 수시 접수를 위해 학교나 교육청의 진로진학센터 등에서 집중 상담을 받아야 하는 시기이기도 하기 때문에 편안한 쉼을 방해 받을 수 있다.

둘째, 직장인들이 그러하다. 최근 통계를 보면 휴가를 포기한 성인들(휴포족)이 35%라고 한다. 숙박료와 음식값이 천정부지로 올라 너무 부담을 느껴 차라리 휴가를 포기하는 것이다. 코로나 엔데믹 이후 관광업계가 모처럼 호황을 맞으면서 너도나도 가격을 올렸기 때문이다.

3년여 남짓의 코로나 기간 동안 손실 본 만큼 이를 만회하려고 그러는 것은 이해하지만 그렇게 되면 가려고 하는 사람도 등을 돌리게 된다. 물가상승률은 정부의 압력에 의해 낮아지고 있지만 물가는 이미 고물가이며 이마저도 계속 오르고 있다. 이미 전기료, 대출금리, 식비는 많이 올랐고 하반기에는 대중교통비도 인상을 예고하고 있다. 이래저래 휴가 가기가 편치 않다.

셋째, 이재민들이 그러하다. 이번 수해로 인해 최근 특별재난지역 13곳을 선포하고 이곳을 신속하게 수습하고 복구하기 위한 지원을 하려고 하는 것이다. 특별재난지역은 경북과 충남이 4곳이며 충북과 전북이 각 2곳, 세종시 등이 포함된다. 특별재난지역으로 선포된 지자체는 복구비 중 지방비 부담액 일부를 국비로 추가 지원받는다. 피해 주민은 재난지원금 지원과 함께 국세, 지방세 납부예외, 공공요금 감면 등의 혜택을 받는다.

정치권과 정부는 누구도 책임을 지지 않으려는 오송 궁평지하차도 참사에 대해 감사를 진행할 예정이고 중대재해처벌법 적용까지도 검토하고 있는 것으로 보인다. 하지만 처벌만이 능사가 아니다. 반복되는 소 잃고 외양간 고치는 것에 국민들은 피로감을 느끼고 있다.

장마는 늘 같은 시기에 반복되고 있다. 일부 기상학자들은 이제 장마가 아니라 우기라고 불러야 한다고 한다. 명칭이 중요한 것이 아니다. 여전히 피해복구 예산이 예방 예산보다 더 많다. 이제는 피해 복구가 아니라 예방비가 더 많아야 한다. 그래야 이러한 반복된 참사를 막을 수 있다.

정부의 획기적인 정책적 패러다임 전환을 기대해 본다.

10. 공공기관의 형식적 '업무 부담당자 제도', 이제는 실질 개선이 필요하다

공공기관에 전화를 걸어 민원을 문의해 본 경험이 있는 사람이라면 한 번쯤 비슷한 상황을 겪어봤을 것이다. 급한 용무로 담당자를 찾았는데 돌아오는 답변은 "담당자가 휴가 중입니다", "출장 중입니다"라는 말뿐이다. 제도상으로는 담당자가 자리에 없을 경우를 대비해 '업무 부담당자'가 지정되어 있지만 현실적으로는 전화를 받은 직원조차 해당 업무에 대해 제대로 설명하지 못하는 사례가 많다. 민원인은 발을 동동 구르며 다시 전화를 걸어야 하고, 결국은 담당자가 복귀할 때까지 무작정 기다려야만 한다. 이렇게 되면 행정 서비스의 신뢰성은 크게 떨어지고, 민원인은 '이래서야 공공기관이 맞는가'라는 불신을 갖게 된다.

문제는 이 제도가 단순히 형식적 장치로만 작동하고 있다는 점이다. 제도의 취지는 분명하다. 담당자가 부재하더라도 업무 공백을 최소화해 민원이 원활히 처리되도록 하자는 것이다. 하지만 실제 현장에서는 부담당자가 "제가 그 부분은 잘 몰라서요"라는 말로 책임을 회피하거나 단순히 전화 기록 메모만 남기고 넘어가는 경우가 비일비재하다. 결국 담당자가 돌아오기 전까지 민원은 답보 상태에 놓이고, 긴급히 해결해야 할 사안이 지연되는 것이다. 이는 제도의 실효성이 부족하다는 방증이다.

공공행정은 '연속성'과 '신속성'이 생명이다. 민원인이 공공기관을 찾는 이유는 문제를 빨리 해결하기 위함인데 담당자 부재로 인해 제도가 무용지물이 된다면 행정 서비스는 제 기능을 잃는다. 더욱이 많은 공공기관이 내세우는 슬로건이 무엇인가. 바로 "원스톱 서비스 행정"이다. 하지만 현실은 정반대다. 담당자가 없으면 아무 일도 진행되지 않고, 부담당자도 사실상 손을 놓고 있는 상황에서 어떻게 '원스톱 서비스'라고 말할 수 있는가. 보여주기식 구호라면 차라리 슬로건을 내걸지 않는 편이 더 솔직할 것이다. 말로만 "원스톱"을 외치고, 실제로는 "스톱"만 존재하는 행정이라면 국민의 신뢰를 잃을 뿐이다.

따라서 형식적 업무 부담당자 제도는 이제 과감히 손질할 필요가 있다. 첫째, 부담당자에게 실질적인 권한과 책임을 부여해야 한다. 단순히 '이름만 올려놓는 제도'가 아니라 일정 범위 내에서 즉각적인 민원 응대와 업무 처리를 할 수 있도록 제도적 뒷받침이 필요하다. 둘째, 관련 교육과 업무 공유 시스템이 강화돼야 한다. 업무 담당자가 출장이나 휴가를 가기 전 최소한의 인수인계 절차를 거쳐야 하며, 부담당자는 주요 현안이나 처리 절차를 숙지하도록 정기적인 훈련을 받아야 한다. 셋째, 조직 차원에서 '공동 책임 의식'을 강화해야 한다.

특정인에게만 업무가 집중되지 않도록 하고, 최소한의 대체 대응 체계를 마련해야 한다.

특히 디지털 행정 시스템이 발전한 지금의 기술을 활용한 대안도 가능하다. 예를 들어, 민원 진행 상황을 실시간으로 공유하는 전산망을 구축해 담당자가 부재하더라도 다른 직원이 즉시 확인하고 대응할 수 있도록 하는 것이다. 또, 부재 시 자동으로 연결되는 '대체 응대 채널'을 활성화해 민원인이 최소한의 불편이라도 해소할 수 있어야 한다.

공무원 조직의 '업무 부담당자 제도'는 제도 자체가 문제라기보다 이를 운영하는 방식이 문제이다. 지금처럼 형식적으로만 존재한다면 민원인은 언제나 "담당자가 없어 답변이 어렵습니다"라는 말에 좌절할 수밖에 없다. 국민에게 불편을 전가하는 행정은 더 이상 용납되기 어렵다. 진정한 공공 서비스란 국민이 필요할 때 언제든지 신속하고 정확한 도움을 받는 것이다.

이제 공공기관은 제도의 '틀'만 유지할 것이 아니라, 그 속을 알차게 채워야 한다. 형식적 부담당자 제도가 실질적 민원 서비스 보완 장치로 기능할 수 있도록 개선한다면 국민은 보다 신뢰할 수 있는 행정을 경험하게 될 것이다. 보여주기식 구호가 아니라 실제로 민원인이 체감할 수 있는 '원스톱 행정'이 이뤄질 때 비로소 공공기관은 그 이름값을 할 수 있다. 결국 행정의 본질은 국민을 위한 서비스이며 형식이 아니라 실질을 중시하는 태도가 그 출발점이 돼야 한다.

11. 특수활동비로 포장된 '꼼수 수당', 이제는 국민 앞에 투명해야 한다!

검찰의 특수활동비는 원래 수사의 특수성과 기밀성을 보장하기 위한 예산이었다. 그러나 실제 운영을 보면 이 본래의 취지는 희미하다. 수사 현장에서 쓰이기보다는 조직 내부의 급여 보전 수단으로 전용되며, 사실상 '꼼수 수당'의 성격을 띠게 된 지 오래다. 이는 단순한 예산 남용이 아니라 검찰 조직 문화의 특권적 속성을 그대로 드러내는 상징적 장면이다.

특히 특수활동비가 '상급자가 하급자에게 하사하는 사적 하사품'처럼 운용된 현실은 충격적이다. 마치 봉건시대 영주가 은전을 하사하듯, 검찰 내부에서는 특수활동비가 상명하복 관계를 강화하고 충성심을 관리하는 도구로 쓰였다. 국민 세금으로 조성된 공적 자금이 개인적 은혜를 과시하고 위계를 공고히 하는 사적 수단으로 변질된 셈이다. 이런 구조 속에서 법의 평등성과 공공성은 설 자리를 잃는다.

직장인들은 모두 세금을 제하고 투명한 급여 체계 안에서 일한다. 하지만 검찰만은 특수활동비라는 음영지대 속에서 '보이지 않는 급여 인상'을 누리고 있다. 수사비용이라는 가림막 뒤에 숨어 사실상 세금으로 조성된 예산을 나눠 갖는 구조는 민주적 통제와 투명성을 근본적으로 훼손한다. 검찰이 더 많은 보수를 원한다면 정공법을 택해야 한다. 연봉 인상은 국회와 국민 앞에서 합법적으로 논의하면 된다. 그래야 국민 세금으로 책정된 급여에 합당한 세금도 함께 낼 수 있다.

특수활동비 남용은 단순한 회계 처리 문제가 아니다. 이는 검찰 권력의 특권 의식과 직결된다. 기밀성을 핑계로 예산 사용을 비공개로 처리하면서 실제로는 조직의 내부 수당 체계로 전용한다면, 이는 국민 신뢰를 배반하는 행위다. 국민의 눈길을 피한 채 밀실에서 배분되는 돈은 권력을 비대하게 만들고 조직 내부의 수직적 질서를 강화하는 윤활유로 작동한다.

공무원 보수는 투명해야 한다. 군인, 교사, 경찰, 일반 공무원 누구도 특수활동비라는 이름으로 은밀하게 수당을 챙기지 않는다. 검찰만의 예외가 존재한다는 것은 특권이자 불평등이다. '검찰개혁'의 본질은 단지 수사권과 기소권 조정에 있지 않다. 예산 집행과 보수 체계까지 국민의 감시와 통제를 받는 정상적 공공기관으로 거듭나는 데 있다. 무엇보다 중요한 것은 과거의 불투명한 관행을 청산하는 의미다.

검찰의 오랫동안 은밀하게 축적되고 배분된 특수활동비는 조직의 권위와 위계를 유지하는 도구로 사용되어 왔다. 이제는 이런 관행을 깨뜨리고, 국민 앞에서 완전히 공개하고 책임지는 체계로 전환해야 한다. 이를 통해 검찰 조직은 권력의 투명성과 책임성을 확보하고, 국민 신뢰를 근본적으로 회복할 수 있다.

검찰에 필요한 것은 꼼수가 아니라 정당성이다. 더 많은 수당과 보수가 필요하다면 국민 앞에 솔직히 요구하라. 공식적으로 연봉을 인상하고, 그에 따라 세금도 성실히 납부해야 한다. 특수활동비를 상급자가 '하사품'처럼 나눠주며 권력을 과시하는 시대착오적 관행은 이제 종식돼야 한다. 그것이야말로 공적 기관이 지녀야 할 최소한의 도리이며, 국민이 검찰을 신뢰할 수 있는 유일한 길이다. 국민 앞에서 당당하게 책임지는 검찰이야말로 진정한 의미의 개혁을 실현하는 첫걸음이다.

12. 형식적 '국민신문고', 제도 개선이 절실하다!

국민신문고는 국민이 불합리하거나 불공정한 행정에 대해 직접 목소리를 낼 수 있는 창구로 자리 잡아 왔다. 정부는 이를 통해 국민과의 소통을 강화하고 행정 투명성을 높이겠다고 강조한다. 그러나 실제 운영 방식을 들여다보면, 기대와는 달리 제도가 가진 구조적 한계가 너무도 뚜렷하다. 국민신문고에 제기된 민원은 해당 기관으로 통보되고, 기관은 "조사하겠다", "감사하겠다"는 형식적 답변을 내놓는다.

더 큰 문제는 그 이후다. 감사나 조사가 실제로 어떻게 진행되고, 어떤 결론이 났는지는 민원인에게 명확히 확인되지 않는 경우가 많다. 결국 '조치 예정'이라는 말로 종결 처리되는 일이 허다하다. 이는 사실상 기관 스스로에게 자기 조사, 즉 '셀프 감사'를 맡기는 구조와 다르지 않다.

이런 운영 방식은 제도의 근본 취지와 정면으로 배치된다. 국민신문고는 행정의 불공정이나 불합리함을 바로잡기 위해 만들어진 제도다. 그런데 정작 문제 제기의 대상인 기관이 스스로 조사하고 스스로 종결을 선언하는 구조라면, 공정성은 어떻게 담보될 수 있겠는가. 이해관계 당사자가 자신을 평가하는 셈이니 객관적이고 철저한 검증이 이루어지기 어렵다. 그 결과, 국민신문고는 행정의 문제를 바로잡는 통로가 아니라 단순히 민원을 접수하고 종결하는 '형식적 절차'로 전락한다.

실제 현장에서는 이러한 한계가 더 뚜렷하게 드러난다. 기관의 대응은 방어적이고 소극적이다. 민원 내용이 사실로 드러날 경우 기관의 책임이 불거질 수 있기에 스스로 불리한 판단을 내릴 이유가 없다. 그래서 "내부 검토 중이다", "관련 사항은 이미 조치했다"라는 답변으로 무마하거나 확인되지 않은 채 종결해 버리는 경우가 다반사다. 민원을 제기한 국민으로서는 답답할 수밖에 없다. 정의로운 해결을 기대하고 제도를 이용했지만, 결과적으로는 '제도에 끌려다니는' 상황에 놓이게 되는 것이다.

이쯤 되면 근본적인 질문을 던지지 않을 수 없다. 과연 지금의 국민신문고는 왜 필요한가? 국민을 위한 권리 보장 수단인가, 아니면 행정의 형식적 정당성을 확보하기 위한 장치인가. 후자라면 이는 국민의 권익 증진과는 거리가 멀다. 오히려 국민의 목소리를 흡수하고 무력화하는 기능을 한다. 겉으로는 민원 창구를 열어두었지만 실제로는 행정기관이 자기편에 유리한 방식으로 제도를 활용하는 셈이다. 이는 신뢰의 문제로 이어진다. 국민이 행정에 대한 불만을 제기했을 때 정당하고 공정한 해결이 이루어지리라는 믿음이 사라지면 제도는 존재 이유를 상실한다.

따라서 개선이 절실하다. 첫째, 국민신문고에 접수된 민원은 해당 기관의 '셀프 조사'로 종결해서는 안 된다. 독립적이고 중립적인 심사·감사 기구가 직접 후속 조치를 확인하고, 처리 결과를 투명하게 공개해야 한다. 둘째, 민원인의 알 권리를 보장해야 한다. 현재처럼 '처리 종결'이라는 통보만 하고 구체적인 후속 과정을 알려주지 않는 것은 책임 회피에 불과하다. 최소한 어떤 조사 절차가 진행되었고, 그 결과 어떤 조치가 이루어졌는지는 명확히 공개되어야 한다. 셋째, 반복적으로 제기되는 민원에 대해서는 제도적 개선으로 이어질 수 있는 시스템이 마련돼야 한다. 같은 문제가 지속적으로 발생한다면 이는 단순 민원 사안이 아니라 구조적 문제라는 신호이기 때문이다.

국민신문고는 이름 그대로 국민의 권익을 위한 문이 되어야 한다. 지금처럼 형식적이고 방어적인 운영 방식은 제도의 취지를 왜곡시킬 뿐이다. 국민은 제도를 통해 실질적인 변화를 체감하기를 원한다. 제도의 신뢰는 투명성에서 나오고, 투명성은 독립적이고 철저한 검증에서 비롯된다. 이제는 국민신문고를 진정한 권익 보호의 장치로 만들기 위한 근본적 개혁이 필요하다. 그렇지 않다면 국민신문고는 행정의 신뢰를 높이는 것이 아니라 오히려 갉아먹는 '무늬만 제도'로 남게 될 것이다.

13. 지방의회 의원의 국외 출장, 규정 강화만으로는 '외유'를 막지 못한다

지방의회 의원들의 국외 공무출장은 본래 해외 선진사례를 학습해 지역발전에 접목하려는 취지에서 출발했다. 그러나 현실은 다르다. 관광지 위주의 일정과 형식적인 보고로 점철된 '외유성 출장'이라는 오명에서 벗어나지 못하고 있다. 국민의 혈세가 투입되는 만큼 제도 개선 요구가 계속되어 왔고, 행정안전부가 내놓은 「지방의회 공무국외출장 규칙 표준안」 개정도 이러한 비판에 대한 대응책이라 할 수 있다.

개정안의 핵심은 사전·사후 관리 강화다. 이제는 출국 45일 전에 출장계획을 홈페이지에 게시해 주민 의견을 수렴해야 하고, 출장 후에는 단순 보고서 제출이 아니라 심사위원회가 결과의 적법성과 적정성을 심의한다. 예산 집행도 항공·숙박 대행, 차량 임차, 통역 외에는 금지되며, 하루 일정도 1개 기관 방문으로 제한된다.

제도만 놓고 보면 이전보다 훨씬 엄격해진 듯 보인다. 그러나 현실에서는 규정 강화가 곧 성과 개선으로 이어지지 않는다. 여전히 관행적 해외연수는 이름만 바꾼 채 유지되고, 보고서는 형식적인 글과 무조건 양만 늘린 분량 등으로 채워진다.

문제는 여기서 그치지 않는다. 규정이 늘어나면서 출장보고서 작성을 위해 수행 공무원까지 동행해야 하는 사례가 늘어나고 있다는 점이다. 본래 출장의 주체는 지방의원임에도 실제 계획 수립과 일정 관리, 결과보고서 작성 등은 대부분 공무원이 떠맡는다. 제도가 복잡해질수록 의원의 책임은 오히려 줄고, 공무원의 행정 부담만 늘어나는 아이러니가 발생하는 것이다.

흥미로운 점은 여행업체들도 변경된 규정에 맞춰 대응하고 있다는 사실이다. 항공·숙박 예약, 차량 임차, 현지 통역 등 모든 비용과 일정이 규정에 맞도록 사전 점검과 서류 작업이 강화되면서 업체 측의 업무 부담과 비용 구조도 달라졌다. 이는 규정 강화가 단순히 의원의 행동만 제약하는 것이 아니라 출장과 관련된 전반적 산업 구조에도 영향을 미치고 있음을 보여준다.

이제는 단순히 규정을 추가하는 방식으로는 한계가 명확하다. 출장 성과가 실제 의정 활동에 어떻게 환류되는지 평가하는 성과 중심 시스템이 구축돼야 한다. 예컨대 출장 후 작성된 보고서는 주민에게 전면 공개되고, 해당 의원의 정책 활동과 구체적으로 연계돼야 한다. 주민이 체감할 수 있는 정책 변화로 이어지지 않는 한 국외 출장은 그저 "혈세로 다녀온 여행"이라는 비판에서 벗어날 수 없다.

또한 수행 공무원 동행 문제도 재검토가 필요하다. 보고서 작성과 행정 지원 때문에 공무원이 의원을 따라다니는 것은 제도의 취지를 심각하게 왜곡하는 것이다. 출장의 책임 주체는 어디까지나 의원 자신이어야 하며, 보고와 성과 입증 또한 의원 스스로 감당해야 한다. 그럴 때만이 국외출장이 특권이 아닌 의무가 되며, '외유'가 아닌 '학습'으로 자리매김할 수 있다.

규정 개정은 출발점일 뿐이다. 지방의회가 스스로 책임을 다하고, 주민 앞에 성과를 증명하려는 문화적 전환과 인식적 변화 없이는 아무리 정교한 규칙도 공허한 장식에 불과하다. 국민의 눈높이에 맞는 출장만이 지방자치의 신뢰를 회복하고, 진정한 의미의 분권을 가능하게 할 것이다.

14. 해킹 공화국의 불명예, 언제까지 방치할 것인가

최근 몇 달간 국내 주요 기업과 기관을 겨냥한 해킹 사고가 꼬리를 물고 있다. SK텔레콤, KT 등 기간통신망 기업부터 YES24, 서울보증보험, 롯데카드까지, 국민 생활과 직결되는 서비스 제공 기업들이 줄줄이 뚫렸다. 네트워크에 몇 년간 잠복해 자료를 탈취하거나 가짜 기지국을 세워 개인정보를 빼내는 수법은 갈수록 교묘해지고 있다.

올해 접수된 해킹 신고 건수가 이미 2천 건을 돌파하며 사상 최고치를 기록한 사실은 우리 사회의 취약성을 여실히 보여준다. 표면적으로는 기업이 피해자처럼 보이지만 실상은 개인정보를 맡긴 국민 개개인이 최종 피해자로 남는다.

문제는 대응의 태도다. 정부와 기업은 사건이 터질 때마다 조사에 착수하겠다, 태스크포스를 꾸리겠다고 발표하지만, 실효적 변화는 좀처럼 체감되지 않는다. 그 사이 통신 3사 중 SK텔레콤과 KT가 연이어 문제가 생기자 "이제 남은 건 LG유플러스뿐이다"라는 자조 섞인 농담까지 나오고 있다. 풍자처럼 들리지만, 이는 국민 불안을 대변하는 경고음이다. 보안 실패가 일상화된 현실을 더는 가볍게 웃어넘길 수 없다.

해킹 세력의 양상은 복합적이다. 돈을 노리는 국제 사이버 범죄 조직은 이미 거대한 범죄 시장을 형성했고, 북한·중국·러시아 등 권위주의 국가가 배후에 있는 국가급 해커 집단은 정치·군사·산업 기밀까지 겨냥하고 있다.

최근 북한 연계로 의심되는 '김수키' 조직이 인공지능 딥페이크 기술을 활용해 군 기관 침투를 시도했다는 사실은 충격적이다. 이는 더 이상 개인정보 유출에 그치지 않고, 국가안보와 국익을 직접적으로 위협하는 단계로까지 확산되고 있음을 의미한다.

따라서 대책은 단순한 사건 수습을 넘어 구조적 전환이 필요하다. 첫째, 기업은 개인정보의 단순 보관자가 아니라 국민의 '정보 수탁자'라는 책임 의식을 가져야 한다. 이를 위해 보안 투자를 비용이 아닌 필수 인프라로 간주하도록 법적·제도적 장치를 강화해야 한다. 둘째, 정부는 민간과 공공을 아우르는 통합 보안 컨트롤 타워를 마련해야 한다. 부처별로 분산된 대응 체계로는 진화하는 해킹 기법을 막아내기 어렵다. 셋째, 기술적 장벽 구축과 더불어 인적 자원에 대한 투자도 절실하다. 글로벌 해킹 조직과 맞설 수 있는 화이트해커와 보안 전문가를 체계적으로 양성하고, 이들이 공공과 민간을 넘나들며 활동할 수 있는 제도적 기반을 마련해야 한다.

"AI 강국"을 외치는 나라가 "보안 취약국"이라는 불명예를 안고 갈 수는 없다. 해킹의 위험은 개인의 불편을 넘어 국가와 사회 전체의 신뢰를 무너뜨리는 치명적 위협이다. 통신 3사

중 두 곳이 이미 뚫린 상황에서 남은 한 곳을 두고 떠도는 농담은 더 이상 우스갯소리가 아니라 보안 현실을 꼬집는 냉혹한 풍자다. 지금 필요한 것은 땜질식 처방이나 임시 TF가 아니라 전방위적이고 지속 가능한 보안 혁신이다. 국민이 안심하고 디지털 사회를 살아갈 수 있도록, 정부와 기업이 함께 책임을 나누고 실질적 변화에 나설 때다.

저자 약력

류 영 철

[경력]

(현) 부산외국어대학교 글로벌미래융합학부
사회복지평생교육전공 전임교수/학부장
(현) 사단법인 한국평생교육사협회 경남지부 회장
(현) 부산광역시 사회서비스원 이사
(현) 글로벌문화융합교육학회 이사
(현) 부산외국어대학교 사회복지평생교육센터장
(현) 부산외국어대학교 K-컬처글로벌연구소장
(전) 영산대학교 미래융합대학 사회복지학과 전임교수/학과장
(전) 대구교육청 대구미래교육연구원 교육정책연구부장(4급)
(전) 경남교육청 교육연구정보원 교육정책연구소 연구위원
(전) 한국평생교육학회 이사

[학력]

국립공주대학교 일반대학원 교육학과 졸업(교육학 박사)
부산외국어대학교 산업경영대학원 사회복지상담전공 졸업
(사회복지학 석사)
국민대학교 교육대학원 교육학과 졸업(교육학 석사)

[저서]

『평생교육의 이론과 실제』(교육과학사)
『고교학점제, 어떻게 활용할 것인가』(교육과학사) 외 다수

'시대담론(時代談論)':
한국사회를 톺아보다!

2025년 11월 20일 1판 1쇄 인쇄
2025년 11월 25일 1판 1쇄 발행

저자와의 협의하에 인지생략

저 자 : 류 영 철
발 행 자 : 한 정 주
발 행 처 : 교육과학사

경기도 파주시 광인사길 71
전화(031)955-6956~8 / 팩스(031)955-6037
Home-page: www.kyoyookbook.co.kr
E-mail: kyoyookbook@daum.net

등록: 1970년 5월 18일 제2-73호

정가 18,000원
ISBN 978-89-254-1954-1